主席八年

上冊

曾鈺成 著

自 序

我做了立法會主席不到一個月，便對人說：「原來這份工作比我想像容易得多，又比我想像忙得多。」

我本來以為立法會主席的工作時間遠沒有議員那麼長，因為議員要出席的許多委員會會議，主席都不用參加。我做了議員但未做主席的時候，幾乎每天早上8點半到下午6點都有會議。但按香港立法會的慣例，立法會主席除了兼任立法會行政管理委員會的主席外，不參加任何委員會，所以我以為這個主席的工作主要就是主持逢星期三舉行的立法會會議，其他時間應該十分清閒。

誰知立法會主席每天的工作日程竟是排得滿滿的：除了佔用不少時間的立法會會議準備工作和行政管理事務，還有接待訪客、參加官式活動和應付傳媒，晚上還要應邀出席各種社團活動；日常工作的繁忙程度大大出乎我的意料。

　　我說工作比我想像容易，因為立法會秘書處給我十分專業、可靠的支援。每一次立法會會議都是按「劇本」進行的；主席主持會議，幾乎可以完全照讀劇本裏的台詞，只要精神集中，不打瞌睡，不發白日夢，不翻錯頁數，便不會出問題。（所有會議的全過程是直播的，不能NG！）為要準備這份不容有失的劇本秘書處的同事要花很多工夫；有時遇到特別麻煩的情況（例如一項議案有很多修正案，每條修正案在會議上是否獲得通過，會影響其後的會議流程，劇本便要顧及所有可能情況）；要趕在會議前寫好劇本，工作非常緊張，負責的同事「開通宵」是等閒事。

　　每當我要作出困難的裁決，例如是否批准一項具爭議的議案，秘書處都會做好充分的資料蒐集和研究分析，然後和我開會商量，給我提供建議；我作出決定之後，他們又替我撰寫書面裁決，高效而專業。我處理所有日常工作，無論是會見傳媒、接待訪客抑或出席活動，秘書處都為我提供有效的支援。立法會主席獨立於各黨派之外，但決不是孤軍作戰；勤勞能幹的秘書處團隊，隨時都在他的背後。我對秘書處的同事說，有了他們的支援，誰都可以做主席。這話可沒有誇張。

　　在一段很長的時間，我對立法會主席的工作還有另一種錯覺：我以為立法會主席像球證，像法官：處理任何問題只看法律和議事規則，中立公正，不偏不倚，不作任何政治考慮，這樣就可以盡責地履行職務，不會牽涉入任何政

治紛爭。我經常引用這個標準說法：我是否批准一項動議列入議程，只看它是否符合《議事規則》，不會考慮動議的內容是「好」還是「壞」，不會涉及任何價值判斷，也不會理會誰得益、誰吃虧；由於沒有政治考慮，所以沒有政治壓力。

但回想起來，我所作的「中立公正、不偏不倚」的裁決，事實上可以有重大的政治後果，或會影響到一條法例能否通過，一項政策能否推行。我作出的裁決，經常會令一些人非常反感，不會因為我自以為「不偏不倚」，便得到各方面的支持。

事實上，我擔任立法會主席的日子，建制和泛民兩個陣營對我都有不少批評。有好幾次，朋友見我挨罵，怕我難受，安慰我說：「不要生氣，他日你離開了立法會之後，人們自會懷念你主持立法會的日子，認識到你做得多好。」我說：「不會；現在罵我的人，我離任後會繼續罵我。如果他們覺得我離開後，立法會的表現比現在好，他們會說，你看，換了主席，立法會便沒有問題了。如果立法會的表現比現在差，他們又會說，你看，立法會給前任主席敗壞到什麼程度，現在誰也沒法收拾了。」

從人們對今天立法會的評價來看，我後面的一種預測不幸而言中了。

不過，如果説本屆立法會的表現不如過去歷屆，並不公道；事實上，過去有哪一屆立法會是令公眾滿意的呢？慨嘆立法會今不如昔的人，大多是忘記了以前社會對立法會的批評。況且社會在不斷變化，今天的政治環境和公眾情緒，跟5年前、10年前或者15年前都有很大分別，各個時期立法會的表現孰優孰劣，很難有一個公平的比較。

我把擔任主席八年的回憶片段寫下來，無意為自己的缺失辯護，也無意為自己的成就吹虛。我寫這「回憶錄」，除了作為自我反省之外，還希望達到三個目的。第一，對於有爭議的問題，讓讀者看到不同持份者的價值取向、考慮角度和思維邏輯，包括我作為立法會主席、各黨派議員和政府官員，明白為什麼即使大家都真誠地本着以社會利益為依歸的初心，卻會採取互相矛盾以至完全對立的立場。第二，通過介紹有關法律、《議事規則》和議會慣例在處理具體問題上的應用，讓有興趣的讀者加深對立法會運作模式和議事程序的了解。第三，從當事人的角度還原事件真相，或有助於解釋一些初看起來出人意料的現象為什麼會發生，揭示立法會演變過程中的必然和偶然因素。

精采的小説，應是「情理之中，意料之外」：有許多出人意表的情節，吸引你繼續看下去；當你看完整個故事，又覺得每個情節的出現都合情合理，而且早有「伏線」，只是先前沒有察覺。

精采的人生也是一樣。如果人生的一切都可以預見，像一本已讀完的小說，每一段遭遇、每一個轉折都早已知道，不用懷疑、不用猜測，沒有失望、沒有驚喜；那就談不上精采。人生精采之處，是在意想不到的時間、意想不到的地方，遇到意想不到的事情，好的或者壞的。現實生活跟小說的分別，在於現實生活中發生了的事情一定合乎情理。回顧過去，便會明白意外事件為什麼其實都在情理之中；原來「伏線」已在那裏，只是先前沒有作出透徹的觀察和準確的推斷。

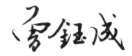

目　錄

曾鈺成擔任立法會主席期間大事

(前四年,2008-2012)

2008/10
曾鈺成當選立法會主席,公開作出「三不」承諾:不參加民建聯黨團、不評論政事、不投票。

2008/11、12
第四屆立法會任期剛開始,即決定動用《特權法》調查「梁展文事件」和「雷曼迷你債券事件」。

2009/04
社民連爆粗升級,梁國雄多次在議會説出「仆街」二字,最後被裁定不適宜在議會上使用。

● 2009 ●

2008/10
曾鈺成第一次主持立法會會議,行政長官曾蔭權發表2008年《施政報告》時遭黃毓民「掟蕉」,哄動全城。

2009/02
曾俊華發表《財政預算案》時,黃毓民走到其面前掃翻桌上物件,受到各方譴責。

2009/01
行政長官答問會期間,因社民連議員不當行徑,兩度暫停會議,創出紀錄。

2010/01
社民連及公民黨5名議員辭職，發動「五區公投運動」。

2010/05
社民連及公民黨5名議員透過補選重返立法會。

2009/11
政府重啟政改

2010

2009/09
曾鈺成率領訪問團考察四川災後重建工作，中聯辦「欽點」邀請的12名泛民議員，只有兩人報名參加。

2010/06
幾經波折，政改議案終以46人贊成、13人反對獲得通過。特首選舉委員會人數由800人增加至1200人；立法會議席由60席增加至70席，分區直選和功能界別各增5席；新增功能界別又稱為「超級區議會」，由沒有其他功能界別投票權的選民，以一人一票方式直選產生。

2011/02
曾俊華發表《財政預算案》，提出向每名市民的強積金戶口注資6000元，遭大部分立法會議員批評，最後宣布直接派錢。

2010/06
公民黨陳淑莊動議廢除《2010年郊野公園(指定)(綜合)(修訂)令》，政府指其議案不合法，曾鈺成裁定議案符合《議事規則》，最終議案在立法會獲大比數通過，政府放棄尋求司法覆核。

2011

2010/08
為追查「馬尼拉人質事件」真相，跨黨派歷史性攜手發動遊行。

2011/03
由於部分建制派議員到北京出席兩會，政府提出的臨時撥款議案不獲通過。最後政府改動金額，在下一次立法會會議當作一項新議案提交並獲通過。

2011/03
曾鈺成參照《議事規則》兩度不批准涂謹申提出休會待續議案，辯論「馬尼拉人質事件」中菲律賓證人來港作供的問題，最終批准涂謹申根據《議事規則》第16(4)條提出的第三次動議。

2011/08
國務院副總理李克強訪港,會見香港特區行政、立法、司法機構的主要人員,包括特首、各司長、局長和終審法院首席法官,當時曾鈺成正陪同太太在多瑙河旅遊,未有趕回香港與「大領導」見面。

2012/02
僭建風波令唐英年敗選幾成定局,曾鈺成被視為可阻止梁振英成為特首的黑馬,惟經過「認真考慮」後,他召開記者會宣布不參加行政長官選舉。

2012

2011/10
立法會首次在全新的添馬艦綜合大樓會議廳舉行會議,梁國雄把一個氫氣球放到議事廳上空,邊放邊大叫口號,最後被逐。

2011/10
行政長官答問會期間,黃毓民不停大罵曾蔭權,包括「公然與香港人為敵」等,曾蔭權按捺不住,反駁「這裏可不是黑社會」。及後黃毓民和梁國雄被逐,多名泛民議員離場抗議。

2012/05
特區政府針對「五區總辭、變相公投」,提出《2012年立法會(修訂)條例草案》,限制辭職議員不得參與在辭職後6個月內進行的補選。黃毓民和陳偉業提出1307項修正,引發立法會首次拉布,審議時間長達109小時,最終曾鈺成決定剪布。網上流傳剪布前他說「返嚟就郁!」的片段,令泛民議員聲言要對曾鈺成提不信任動議。

第一章　主席之路

改變初衷

2016年7月15日，第五屆立法會最後一次會議。高永文局長就《2016年醫生註冊（修訂）條例草案》發言結束時，已是晚上11時59分；我要在一分鐘內說完要說的話。

以下是我在立法會主席座位上說的最後一段話：「在我最後一次宣布休會前，我想向大家說兩句話，雖然我相信，我說的很多議員都不會同意。第一，能夠在這精采的議會擔任主席8年，是我很高的榮譽、很大的享受。第二，我相信，我真心相信，議會裏的每位議員都是用自己的方式為香港服務。這是我的肺腑之言。 祝福香港，香港一定要贏！」

這都是由衷之言，是我當了8年立法會主席的真正感受。這感受，我起初完全意想不到。

第一個叫我考慮做立法會主席的人，是曾蔭權。

2007 年，曾蔭權的事業和人氣都達到了頂峰。那年
3 月的行政長官選舉，他擊敗了來自民主派的挑戰者梁家
傑，成功連任。曾蔭權在行政長官選舉委員會的投票中勝
出，沒有人會感到意外；但在整個競選過程中，民調顯示他
得到的支持度一直領先，以至當時社會上有這樣的說法：
即使是普選，曾蔭權也會勝出。中央政府大概也這樣看，所
以放心給香港提出普選時間表，在該年底宣布，2017 年
香港可以普選行政長官。這成為曾蔭權推動政改的重大成
就。

2007 年 7 月中，時任立法會主席范徐麗泰宣布，她
不會參加翌年的立法會換屆選舉。這立即在政圈裏引起對
兩個問題的議論：一是她在港島區的議席會由誰奪得？二
是誰會接任立法會主席？這兩個問題有密切的關係：最有
可能接任立法會主席的人選，是自由黨副主席、立法會內
務委員會主席、航運交通界立法會議員劉健儀。她是最資
深的議員之一；作為內會主席，她不時擔任立法會代理主
席，主持立法會會議的經驗無人能及。還有，自由黨和泛民
陣營的關係很不錯，由劉健儀出任立法會主席，泛民不會
反對。

劉健儀面對的最大問題，是如何處理她代表航運交通
界功能組別的身份。她是公認最勤力、最認真的「業界代
表」，維護業界利益不遺餘力。而她和自由黨都認同立法會
主席應該保持中立的原則；一旦做了主席，她就不能再為

業界發聲，不能再擔當業界代表的角色。

她的唯一選擇，是轉戰地區直選。她從沒有直選的經驗；本來對她最有利的選區是港島，可以爭取接收原來支持范太的選票；偏偏葉劉淑儀又有意在港島出選，爭奪相同的票源，令她的勝算大打折扣。總之，劉健儀要循直選贏得議席，風險很高。

還有一個潛在的障礙：曾蔭權政府不放心讓自由黨人擔任立法會主席。

2007年一個冬日，曾蔭權找我到禮賓府，對我説：「明年立法會換屆，你如果依然有意加入政府，我很歡迎。不過，請你也認真考慮立法會主席這個職位。」

大半年前，曾蔭權籌組新一屆政府班子的時候，曾經邀我當局長，並表示我不用立即辭去立法會的議席，可以等到明年完成本屆任期後加入政府。我當時沒有給他一個肯定的答覆，也沒有問他要我擔任哪一個職位，以及一年時間怎可以「虛位以待」。但這事卻加強了我在2008年不再參選立法會的想法：如果我要加入政府，首先要保證不影響民建聯在立法會裏的議席，那就要及早安排沒有我參選的部署；我不能等到2008年選舉前夕才表示不參選。退一步説，2008年我已是61歲，即使我不加入政府，從立法會退下來，也可以給自己一點空間，往其他方面發展。所

以，當年5月我接受一個電台節目訪問時，便明確表示我不會參加2008年立法會選舉。

「我已說了不參加明年立法會選舉。」我說。

他不以為然。

「立法會主席也要選舉的。」我又說。

「你去選，怎會選不上？」

忽然大熱

 第一個勸我不要做立法會主席的人，是范徐麗泰。

在曾蔭權向我建議考慮競選立法會主席的前後，民建聯已為 2008 年的立法會選舉作最後部署。民建聯本來在 2004 年贏得 9 個地區直選議席：在九龍西一席；在其他選區，包括港島，各有兩席。可是，在港島區佔有一席的民建聯主席馬力 2007 年 8 月不幸病逝，議席在補選中由陳方安生奪得。民建聯認為，要在 2008 年選舉中取回港島區兩個議席，最有勝算的安排是由我和當區的蔡素玉議員合組名單出選。我沒法反對這個意見，唯有打消了不再參選的念頭。

既然要留在立法會，我便認真考慮競選主席的可能性。我去找范太，徵求她的意見。她聽了我的想法之後，立即表示不贊成我去做立法會主席。她說，我是民建聯在議會裏的主要「炮手」，最擅長的是辯論；做了立法會主席，便自動滅了聲，對我、對民建聯甚至對整個建制派都沒有好處。她說，她不是懷疑我的能力，不是擔心我當立法會

主席不能勝任；但是，在建制派裏要多找一個有辯論能力的議員，比找個立法會主席人選更艱難。

范太的話讓我思考良久。過去這些年，我不時都會想，假如我當日聽從了范太的忠告，那麼我自己、民建聯以及立法會在這些年的發展會有什麼不同呢？是好一些還是壞一些呢？我不敢肯定。不過，我沒有聽從范太的勸告，還是決定去選立法會主席。

我不得不承認，當中有虛榮心作祟：畢竟立法會議員有幾十個，主席只得一個，主席的身份比議員高了幾級。同樣重要的，立法會議員我已做了足足10年，自忖再多做一兩屆，也很難有突破性的進步和成就；難得有機會接受新挑戰，怎能輕易放過？

我擔心的是自由黨的態度。立法會內外幾乎所有人，都已認定劉健儀是下一任立法會主席；如果我要出來和她競爭，會不會觸怒了自由黨，破壞了民建聯和自由黨的關係，甚至造成建制派的分裂？我私下決定：如果自由黨堅持要由劉健儀當主席，我便退出角逐算了。誰知自由黨知道我有意選立法會主席，竟然一點也不抗拒，反而如釋重負，因為不用再為劉健儀是否轉戰直選傷腦筋。

2008年2月下旬，劉健儀公開表示，換屆選舉時她將留守航運交通界角逐連任，為業界發聲，不會出任立法會

范徐麗泰不贊成曾鈺成做立法會主席，原因是怕民建聯在議會失去一名擅長辯論的「炮手」。圖為兩人在惜別舊立法會時合照。

主席。起初，不少人以為劉健儀是以退為進，爭取以功能組別議員的身份獲得支持出任立法會主席。至 3 月中，傳媒的注意開始轉移到我的身上，我忽然被視為下屆立法會主席的大熱人選；更有評論煞有介事地分析說，中央政府早就選定了我來接范太的班。

　如果我說，在考慮角逐立法會主席的過程中我完全沒有跟中央政府溝通，大概沒有人會相信。2008 年初，一位主管港澳事務的中央官員對我說：「你有 3 個選擇：一是做局長，二是做立法會主席，三是繼續做立法會議員。」我說：「我還有第四個選擇：什麼都不做，退下來。」他沒望我一眼，回應說：「我未退，你退？」

　我已經知道我的選擇是什麼，雖然我當時沒有說出來。

敗選解咒

選立法會主席，首先要當選立法會議員。

回歸以後的首三屆立法會選舉，我都在九龍西選區贏得議席。至 2008 年的第四屆選舉，民建聯決定讓已打穩地區工作基礎的李慧琼去奪取九龍西的議席，可說穩操勝券。

如前文說過，民建聯同時決定我轉到港島區，和蔡素玉合組名單參選。馬力逝世後，民建聯在港島餘下蔡素玉一名議員。2008 年如果在港島只保住蔡素玉的議席，沒有難度，但要取回兩個議席，便要打一場硬仗。

換一個說法，民建聯在港島區的候選名單裏排第一的候選人，幾乎肯定贏得議席；排第二的卻有落選危機。我和蔡素玉應該誰排第一、誰排第二？蔡素玉有很好的理由應該排在前面：她已是連續兩屆港島區立法會議員，在選區裏有實在的服務成績和經驗，而我是剛從九龍西轉過來空降的。

更重要的是，我如果當上立法會主席，就不可能完全履行一個地區直選議員對自己選民的責任。如果只有我贏得議席，就等於民建聯沒有一個為港島區選民服務的立法會議員，這對民建聯在區內的發展自是十分不利。

另一方面，我要爭取出任立法會主席，已成為民建聯決策層確認的目標；如果我贏不到議席，這目標便告落空，沒有補救辦法。為保證我成功當選為新一屆立法會議員，唯有把我排在名單的首位。

過去這些年，我也不時會想：假如我在2008年的選舉裏排在名單第二位，於是落選了，後果會怎樣呢？對我和其他人是禍還是福？誰會成為立法會主席？我丟了議席，會加入政府當官嗎？還是就此告別政壇？

這些都是空想。事實是我排在蔡素玉的前面。這對蔡很不公道；很多她的支持者對這安排都表示不滿。我們的競選團隊唯有全力拚搏，力爭為蔡素玉贏得第二席。

我當時有一種僥幸心態，我相信蔡素玉是個福將：2000年她排在程介南後面出選，選舉前有傳媒爆出程有「以權謀私」行為，成為選舉醜聞；但團隊力拚之下，仍取得兩個議席，程當選後被迫辭職，蔡素玉的議席不受影響。

2004年她排在馬力後面，馬力在選舉期間驗出患了

重病，很多競選活動都要缺席；團隊力拚之下，一樣取得兩席，馬力在任內離世，蔡素玉仍留在議會裏。我想，前兩次的惡劣環境下，民建聯在港島的名單依然可以贏得兩席，讓第二位的蔡素玉成功當選；這一次也不會例外吧？

殊不知對該兩次先例，蔡素玉有不同的看法。她不只看到自己兩次都成功當選，更看到每次排在她前面的拍檔，都在選舉時惹了禍，當選了也不能完成任期。她擔心我也要遭到同一命運。

在選舉裏，她採取了她力所能及的辦法，試圖解除這「魔咒」。最後，我們的名單只贏得一個議席，她被淘汰出局。她泰然寬懷的反應令很多人感到詫異。其實她真的放下了心頭大石；她終於破解了「魔咒」，為我免除了災禍，這對她比贏得議席更加重要。我由衷地感謝和敬佩這位心地善良的選舉拍檔。

她結束了她的從政生涯中的一章，打開了我的從政生涯最後一章。

三不承諾

　　2008年產生的第四屆立法會，建制派佔了60席中的37席，掌握了立法會主席人選的決定權。建制派只有我一人競逐立法會主席，傳媒都說我是「大熱」。

　　然而我不敢造次，我積極爭取所有建制派議員的支持，同時聽取泛民議員的意見，雖然我知道他們不會投票支持我。

　　我認真思考出任立法會主席要承擔的責任和要接受的約束。首先要處理的是我和民建聯的關係。有些人認為，我做立法會主席，必須放棄民建聯成員的身份，以保持中立。可是，我的立法會議席是打着民建聯旗幟參選贏得的；投票給我的選民，大部分是因為支持民建聯而支持我。如果我當選了議員便離開民建聯，不但對不起民建聯，也對不起我的選民。

　　我堅持：即使做主席，我仍是民建聯的議員。我相信支持我出任立法會主席的民建聯，會給我適當的空間，讓

我公平公正地履行主席的職務。我不會參加民建聯的黨團，不會私下與民建聯討論立法會事務，不會把擔任主席獲得的訊息單獨向民建聯披露。

其次我同意，對於要在立法會會議進行辯論的議題，主席不應公開發表評論，以免影響議員和公眾對他主持會議不偏不倚的信心。

不過，任何有關公眾利益的問題，都有可能拿到立法會辯論；主席是否對公眾關注的所有議題都要「收聲」呢？我認為絕對「收聲」是不可能的，也是不合理的；主席公開發表意見，要守住的底線是不應引起跟議員的辯論，例如對有爭議的公共政策表示支持或反對。我想，只要不超越這底線，意見還是可以發表的。

還有一個問題，我想了很久仍想不通：為什麼立法會主席要放棄在立法會表決中的投票權？

從《基本法》附件二有關「立法會對法案、議案的表決程序」的規定可見，立法會主席享有和其他議員一樣的投票權。

可是，范太擔任立法會主席以來，從不參與立法會就任何議題進行的表決。最突出的一個例子，是 2005 年政府提出的政改方案在立法會進行表決：方案要得到立法會全

體議員三分之二多數支持才可通過；有報道説，為盡量爭取獲得足夠的支持票，中央和特區政府都要求范太投票支持，然而范太堅決拒絕，即使只欠她的一票，她也不會破戒投票（方案最終不獲通過；但由於支持票數跟三分之二多數有頗大差距，主席不投票沒有成為政改失敗的原因）。

事實上，主席不投票不等於保持中立；恰恰相反，《基本法》附件二規定的表決程序，令不投票的效果跟投反對票沒有分別。以不投票來表示中立，在邏輯上是錯誤的。所以，開始一段時間，我不肯把不投票作為出任主席的承諾。

然而我最後還是要向立法會裏的主流意見屈服。大多數議員，不論建制派或泛民主派，都認為立法會主席不應公開評論政事，不應參加會議表決，認為這些慣例必須堅持。於是，我唯有順從議員們的要求，公開作出「三不」承諾：不參加民建聯黨團、不評論政事、不投票。

誰知我一上任，這「三不」便受到來自建制派陣營的質疑和鞭撻。

護身靈符

我當選立法會主席後兩天，跟我認識了數十年的時事評論員劉迺強在《信報》發表〈致曾鈺成公開信〉（2008年10月10日），質問我說：「在9月份的立法會選舉中，你和你的團隊，在港島選區，曾向選民作出一些競選承諾，包括我在內的選民，支持你這些理念，投下神聖的一票，把你送到立法會中當我們的代議士。我們有權要求你在未來4年，於立法會中發言、投票，落實你的承諾。」

他接着指出，我競選立法會主席時，卻承諾「三不」：不評論、不投票、不參加黨團。他問：「這前後兩個承諾之間，有沒有矛盾？」

這一問可說一針見血。在立法會選舉裏，我從來沒告訴選民，我當選議員後會角逐立法會主席，更沒有說明做了主席便要奉行「三不」，無法充當他們的代議士。對於違反先前選舉承諾的指控，我實在百詞莫辯。

然而，我可以怎樣做呢？到2012年換屆選舉的時

候，我拿出擔任立法會主席 4 年的「政績」，獨自一人組成候選名單，呼籲選民投票支持我連任立法會主席；我沒有向選民作出其他承諾。但在 2008 年的選舉，我是加入民建聯的候選名單、拿着民建聯的競選政綱參選的；我不可能另外提出競選主席的政綱。

我回應劉迺強說：「（你指出的）是不可避免的矛盾，不論哪一個議員出任主席，都要面對同樣的問題。我在感謝迺強兄和其他投票支持我的團隊的市民之餘，亦希望他們明白，立法會主席不只是一個不辯論、不投票的議員，而是要在一個特殊的崗位上，以另一種方式，為市民、為香港特別行政區服務。」（〈答劉迺強的公開信〉，2008 年 10 月 16 日《信報》）

劉迺強的「公開信」還駁斥了立法會主席不評論、不投票是「傳統」或「慣例」的說法，指出不論在香港或很多其他地方，都沒有這樣的傳統；范徐麗泰任主席期間不評論、不投票，不過是她的個人作風，而劉迺強「對她這作風向不苟同」。

我同意，立法會主席（或議長）不評論、不投票，並不是普世奉行的神聖規條。不過我們也不能漠視這樣的事實：范太堅持「兩不」（她沒有政黨背景，所以用不着第三「不」——不參加黨團），贏得各黨派議員及廣大市民普遍認同和支持，並且在爭議不斷的政治環境中，維持了議會

運作的基本順暢。

　　像劉迺強一樣對范太「向不苟同」的人或有不少，但范太在社會上一直享有很高的民望，在立法會裏很少受到議員的挑戰。

　　這足以證明，她擔任立法會主席的處事方式是成功的。作為她的繼任人，我跟從她行之有效的做法，凡事有先例可援，可以避免爭端。

　　我很快便發現，不評論、不投票，是立法會主席獨有的護身符。換了是主席以外的任何議員，如果經常不評論、不投票，就是失職。尤其遇到社會上有對立意見的敏感議題，傳媒一定金睛火眼盯住每一個議員，看他怎樣表態、怎樣投票。議員無論是什麼立場，出聲都要挨罵，因為總有人聽了不高興；如果不出聲，又會被指「騎牆」、「潛水」。唯獨立法會主席享有「兩不」特權，在爭議中可以保持緘默，超然物外，獨善其身。

　　憑這護身符，我改變了好辯的形象。

第二章　火爆議會

會議失控

我第一次主持立法會會議，便發生了哄動全城的「掟蕉事件」。

那是聽取行政長官曾蔭權發表2008年《施政報告》的會議。事前社會對《施政報告》議論的一個焦點，是俗稱「生果金」的高齡津貼，普遍認為應該從原來的625元（65至69歲長者領取的「普通高齡津貼」）和705元（70歲或以上長者領取的「高額高齡津貼」）一律提高至每月1000元；這也是立法會裏主要黨派提出的要求。但是，在《施政報告》發表前夕卻有消息傳出說，政府不打算一刀切增加生果金；這在立法會內外引起了很大的關注，大家都等着聽《施政報告》有什麼宣布。

會議開始前15分鐘，我依慣例把行政長官接到我的辦公室，陪他等候會議開始。秘書處向我報告說，社民連3名議員黃毓民、梁國雄和陳偉業帶了香蕉和雞蛋進入會議廳。議員在會議廳裏擲物，以前從沒發生過，但我覺得不能不提防。我對曾蔭權說，如果有議員擲雞蛋，我會命令該議

員離開會議廳，然後暫停會議，以便清理會場。

　　會議開始，曾蔭權步入會議廳，站到主席座位一側的講台前面。他還未開口宣讀《施政報告》，梁國雄已在座位站起來高聲説話：「主席，我們在這裏和氣一堂，外面卻民怨沸騰，官商勾結⋯⋯」接着，他右手拿着一隻香蕉，左手拿着一張紙和一隻雞蛋，離開座位，走向曾蔭權。我一再喝止，他毫不理會，在我的喝止聲中對着曾蔭權高叫：「一隻蕉多少錢，一隻蛋多少錢？你回答我！⋯⋯你不知米貴，不加生果金，沒有最低工資，沒有失業援助金、沒有全民退保⋯⋯」

　　我一再向他警告無效，於是命令他立即退席，數名保安人員趨前要把他帶走，但他抗拒，繼續站在會議廳前破口大罵。擾攘了好幾分鐘，我一共説了四五次「梁國雄議員，請你離開會議廳」，最後他在立法會秘書及保安人員「陪同」下，邊高呼邊走出會議廳。然後我才宣布：「行政長官現在向立法會發表《施政報告》。」

　　這只是社民連大鬧會議廳的第一幕。黃毓民和陳偉業仍安坐席上，配備香蕉和雞蛋。

　　過了大約50分鐘，曾蔭權讀到《施政報告》有關生果金的部分。他説政府同意把金額增加至1000元，但同時宣布，領取的人士要接受入息或資產審查。陳偉業在座位上

高聲叫嚷：「特首是不是拒絕把生果金增加到1000元？」旁邊的黃毓民更站起來拍着桌子大叫：「曾蔭權愧對長者！……無入息審查！即刻磅水！」

陳黃二人不停高聲呼叫，我多次命令「兩位議員立即離開會議廳」，二人毫不理會，黃毓民更以挑釁語氣反問：「我不退席又怎樣？」當立法會秘書和數名保安人員上前要把二人帶走時，黃毓民突然從桌上撿起一梳香蕉，擲向主席台。

二人離開後，我剛要邀請行政長官繼續發言，坐在前排的詹培忠議員突然站起來說：「主席，你競選主席時，曾經向全體議員承諾，你不會讓任何議員影響其他議員的權利。你要謹記！」

我提醒詹培忠，那不是他發言的時間，請他坐下。但我知道，他說出了很多議員的心聲。

第二天，傳媒的報道和評論，都說我沒有能力主持會議、執行《議事規則》。

抗爭文化

　　我處理社民連3名議員大鬧會議廳的表現，惹來一片
劣評。有報道說政府內部對我沒管好會議紀律十分不滿；
有評論說我一坐上主席位置，便被「玩殘」了；議員當中，除
了一兩位建制派朋友出於道義為我美言幾句，其他都異口
同聲對我的能力表示質疑。

　　有議員批評我容許長毛對着行政長官罵足數分鐘不予
制止；有議員指我怯場，不能掌握會議節奏；有議員認為
換了是前任主席范太，早就宣布暫停會議，不會讓議員在
鏡頭前胡鬧。

　　這些批評，對我或許有點不公道。我把3名議員逐出
會議廳，破了歷史紀錄：以往從未試過在一次會議上有3
名議員被命令退席的。出席會議是議員的基本權利，不應
輕易被剝奪。立法會《議事規則》規定，倘議員「行為極不
檢點」，主席「須命令其立即退席」；但怎樣才算「行為極不
檢點」，《議事規則》沒有定義，只能由主席自行判斷。我當
了3屆立法會議員，像這次3名議員的鬧事行為，從未在會

議廳裏出現過。怎樣處理這種場面，沒有規矩可以遵循，沒有先例可以借鑑。

我想，社民連3人挑戰《議事規則》的行為，往後不會收斂，還會升級；既然人人都認為我執法不嚴，以後我管理會議秩序的尺度應該收緊，對破壞秩序的行為要迅速制止，果斷處理。我覺得主席座位的擴音系統聲量太小，我說話時被鬧事議員的吆喝蓋過了。我叫秘書處把聲量調高；沒料到這在日後竟給我帶來麻煩。

對於我第一次主持的那次立法會會議，社會上議論最多的，不是我主持會議的表現，而是「掟蕉」的行為。

黃毓民擲出「議會百年第一蕉」，令許多認為議會尊嚴必須維護的人感到震驚，包括泛民陣營的頭面人物。當時身在英國的陳方安生，越洋發表聲明，指黃毓民的行為不負責任、嘩眾取寵，只會令支持社民連的選民失望，「甚至為那些一直聲稱香港人未準備好民主普選的人提供藉口」。她說，「希望立法會主席和不同黨派的議員拒絕這種行徑，恢復立法會的尊嚴和權威」，隱含着對我的批評。

公開批評「掟蕉」行為不當的名人，還包括彭定康、周潤發和杜琪峯；很多人儘管認為生果金應該提高，都不贊同「掟蕉」的手法，認為損害了立法會形象，教壞孩子。這些批評，黃毓民和社民連拒不接受，一一予以反駁。

另一方面，也有不少人贊同社民連「沒有抗爭，哪有改變」的口號，為「掟蕉」歡呼喝采，認為那是替很多對政府不肯提高生果金感到憤怒的人出了口氣。「掟蕉」是一時衝動，還是早有預謀？香蕉沒有擊中曾蔭權，是眼界失準還是故意？議員桌上除了香蕉，還有更具「殺傷力」的雞蛋，為什麼不擲雞蛋而擲香蕉？這些問題的真正答案，只有黃毓民自己知道。

　　但無論如何，他這一擲，令「掟蕉」成為立法會議員用行動衝擊《議事規則》的先例和象徵。事件發生後多年，人們談到立法會裏的激烈行為，不論褒貶，總會拿「掟蕉」作例子，雖然黃毓民後來有很多比「掟蕉」更激烈的舉動。

　　黃毓民帶頭的社民連的抗爭行為，改變了香港的議會文化。

一擲千金

《施政報告》發表翌日，我主持了第一次行政長官答問會。除了梁國雄抓住曾蔭權讀錯字不停發言嘲笑，要我多次制止之外，會議進程尚算順利；行政長官一共回答了18位議員的提問。在答問過程中，批評曾蔭權最嚴厲的一句話，竟然出自平時對政府十分支持的民建聯主席譚耀宗。

譚耀宗是第16位提問的議員。出乎意料地，在他前面的15位議員，竟沒一人問及《施政報告》裏最受爭議的生果金，到譚耀宗才提出這問題。譚說，曾蔭權有關生果金的說法，「傷透了長者的心」；他更批評，引入資產審查的做法是「倒行逆施」！

對於譚耀宗的批評，曾蔭權顯得十分不快。他沉着臉，喝一口水，停頓了半晌，然後作了很長篇的回應。他指出，「敬老」不同「養老」；如果生果金的作用是敬老，那只需要維持象徵式的金額就夠了。另一方面，如果長者要靠生果金過活，提高金額就很合理；但這樣一來，生果金的作用就不再是敬老，而是養老了，那就要考慮政策是否可

持續了。曾蔭權問:「如果對沒有需要的老人家也發生果金,那金額是否真的要增加到1000元呢?」

曾蔭權這番理論,自有他的邏輯,貫徹了特區政府(以及回歸前的港英政府)一貫奉行的「審慎理財哲學」。不過,他的說法等於承認了生果金提高到1000元同時引入資產審查,它的性質已從敬老變為濟貧了;亦即是說,按曾蔭權提出的做法,原來有敬老意義的、所有長者受惠的生果金,要被取消了。

接下來的一個星期裏,生果金繼續是社會議論的焦點。有少數聲音贊同曾蔭權提出的道理;但反對領取生果金要接受資產審查的人佔了大多數。譚耀宗指曾蔭權「倒行逆施」這句話,被廣泛報道和引述。

立法會裏,建制派和泛民主派罕有地站在同一立場:除了個別議員之外,所有黨派和議員對《施政報告》有關生果金的說法都不同意,表示失望。泛民議員紛紛聲言因此要對《施政報告》致謝議案投反對票;建制派議員也表示要提出修正案,要求增加生果金、反對資產審查。

答問會後的第二個星期五,我在立法會宴會廳第一次主持議員和官員的午宴。我擔心生果金的爭議會令議員和官員心存芥蒂,影響宴會氣氛,於是致歡迎詞的時候拿生果金和「掟蕉」開了個玩笑,引起座上一片笑聲,令場面

輕鬆一點。但我注意到，坐在我旁邊的曾蔭權在整個宴會過程一直顯得滿懷心事，比平時沉默得多。我又見他從口袋裏掏出紙條細閱，像學生進入試場前拿着筆記作最後溫習。

午宴臨近結束，曾蔭權突然表示要向議員說幾句話。他走到麥克風前，用平淡的聲調對大家說，午宴結束後，他將會見傳媒，宣布把生果金增加到1000元，並且擱置資產審查機制。聽到這突如其來的喜訊，議員們先是一怔，繼而熱烈鼓掌。

一星期後的《施政報告》辯論，致謝議案高票通過。這是曾蔭權在生果金問題上讓步換來的。立法會各黨派意見一致，迫使政府屈服。

一不離二；不到一個月，政府在另一個問題上再次被迫向立法會屈服。

外傭徵費

2008年7月16日，曾蔭權出席第三屆立法會最後一次答問大會時，破天荒地在《施政報告》及《財政預算案》以外「派糖」：宣布推出總值110億元的10項紓困措施，其中包括豁免每月400元的「外傭稅」兩年。

要說清楚「外傭稅」的來龍去脈，就要從輸入外地勞工說起。1990年代，由於要興建新機場以及相關的基建項目等原因，香港需要輸入大量外地勞工。為減輕本地勞工團體的反對，政府制定《僱員再培訓條例》，規定總督會同行政局可以批准「輸入僱員計劃」，而按獲批計劃僱用外地勞工的僱主，要繳交一筆「僱員再培訓徵款」，撥入再培訓基金，用以培訓本地勞工。

這一方面可避免廉價僱用外勞會拉低本地工資，另一方面可獲得資源培訓本地勞工，提高他們的就業機會。不過，已實行多時的外籍家庭傭工招聘，並沒有被當局視為「輸入僱員計劃」；外傭的僱主並不需要繳付再培訓徵款。

新機場建成後，相關工程要僱用外勞的工作不再存在；加上香港在亞洲金融風暴後經歷了幾年經濟困難，對外勞的需求大幅減少。至 2003 年，輸入僱員計劃只餘下規模不大的「補充勞工計劃」。隨著外勞人數下降，再培訓徵款日見萎縮，再培訓基金漸趨枯竭。當時面對財政困難的特區政府，無意給基金注資，於是到處為基金尋找新的供款來源，終於看上了數以十萬計的外籍家庭傭工，決定在她們的僱主身上打主意。

　　2003 年 2 月，特區政府宣布，由該年 10 月 1 日起，外籍家庭傭工的僱主要繳付僱員再培訓徵款，每月 400 元。僱主可於外傭獲發簽證前，一筆過繳付 24 個月的徵款，也可分 4 期繳付，第一期須於外傭獲發簽證前繳交。

　　政府這一招最絕之處是，只要行政長官會同行政會議把輸入外傭指定為《僱員再培訓條例》中的「輸入僱員計劃」，僱主便要依法繳付徵款，毋須把任何立法建議交立法會審議通過。徵費措施可以繞過立法會實行，當年負責的官員不禁沾沾自喜。

　　為紓緩僱主的抗拒，政府同時把外傭的規定最低工資降低 400 元。這樣，徵款其實是從外傭的薪金中扣除，僱主的開支沒有增加。這政策引起外傭強烈反對，不在話下。但當時正值經濟衰退，一般打工仔的工資水平都已下降，政府調低外傭最低工資便振振有詞了。

這就是「外傭稅」的由來。

到了 2008 年中，曾蔭權「派糖」。為要讓中產家庭也可以受惠，於是想到豁免「外傭稅」。政府一貫的「派糖」措施，涉及的開支都只是一次過或短暫的，不會對特區財政帶來長遠影響。豁免「外傭稅」也不能例外，所以豁免以兩年為限，兩年後便要恢復徵收。

要為這豁免提供法律依據，行政長官會同行政會議可以把輸入外傭從「輸入僱員計劃」的清單剔除，兩年後再補回去。這做法較難看：聘用外傭為什麼一時是輸入僱員計劃，一時又不是，政府很難自圓其說。不過對政府來說，這做法的好處是可以避開立法會的干預。

政府沒有採用這個做法，選擇用另一個方案來執行豁免外傭稅——一個不能繞過立法會的方案。

首項裁決

曾蔭權宣布10項紓困措施的時候,正值新一屆立法會選舉開始。曾蔭權可能以為,政府在這個時候「派糖」,可以爭取民心,對建制派候選人有幫助。殊不知選舉政治並非那麼簡單:反對派一定抨擊政府的紓困力度不夠,承諾為選民爭取更多;於是建制派不能不同樣提出更多要求,你追我趕,價愈叫愈高,沒有人滿足於政府的「小恩小惠」。

曾蔭權一說了「豁免外傭稅兩年」,各黨派便紛紛提出「延長豁免期」或者「永久取消外傭稅」的更高要求,為民請命。

外傭稅(正確的名稱是「再培訓徵款」)是根據《僱員再培訓條例》徵收的;徵收的款額列於條例的附表3。為實施豁免徵款兩年,政府建議把附表3的數額從400元改為0元,兩年後恢復為400元。

修改附表3,要在憲報刊登公告,交立法會省覽;立法

會可以否決公告，或者提出修訂。

　　第四屆立法會任期開始後，政府的公告便提交立法會省覽。很多議員在先前的競選政綱裏都包括了爭取永遠撤銷外傭稅，現在是兌現競選承諾的時候了。葉劉淑儀議員一馬當先，對政府公告提出修訂，以達到永遠撤銷外傭稅的效果。政府堅決反對，強調外傭稅是再培訓基金的重要來源，不能永遠撤銷。

　　泛民主派議員一致支持葉劉的修訂，建制派的地區直選議員也不敢反對。民建聯的處境最為尷尬：作為建制派最大政黨，民建聯是政府箍票的主要對象；但民建聯的直選議員都知道，葉劉的修訂符合大多數中產家庭的要求，不好反對。

　　政府試圖通過我的裁決打掉葉劉的修訂。政府向我提交陳述，指葉劉的修訂不合法，並且違反《議事規則》。應否批准葉劉淑儀提出她的修訂議案，便成為我當上立法會主席後要做的第一項裁決。

　　我知道：如果我批准葉劉提出議案，它很可能獲得通過，政府的管治權威便要受打擊；如果我把議案否掉了，政府便可避過一次危機，民建聯也可以避免在辯論和表決時左右為難。有報道說，如果我的裁決對政府不利，政府會提出司法覆核。

我研究了政府反對葉劉修訂的理據，又參詳了葉劉提交的答辯，再聽取立法會法律顧問解釋有關的法律問題。我要決定的，是議案有沒有違反《議事規則》。這是對邏輯思維能力的考驗，我覺得十分有趣。看到我的裁決在立法會秘書處協助下寫成一篇嚴謹的論文時，我的滿足感就像對一條數學難題找到了完美的解答。裁決會令誰高興、誰不高興，我沒有考慮。我相信，即使有人提出司法覆核，我的裁決是站得住腳的。

政府大概對我攔截葉劉的修訂不存厚望。11月中，我的裁決還未發出，政府已決定把外傭稅豁免期從兩年延長至5年，以爭取足夠議員的支持，否決葉劉的修訂。這是政府繼生果金事件後，一個月內第二次屈服於立法會的壓力。

我批准了葉劉淑儀提出議案。立法會表決結果：地區直選議員21人贊成，7人反對；功能團體議員7人贊成，21人反對。議題未獲得兩部分在席議員分別以過半數贊成，葉劉議案被否決。

辱罵官員

第四屆立法會開始，政務司司長多了一項工作：寫信給立法會主席，投訴議員在會議廳裏的行為。

我第一次收到政務司司長唐英年的投訴信，是在曾蔭權發表《施政報告》、社民連3人大鬧會議廳之後。投訴信措詞頗為婉轉：「議員和出席立法會會議的政府官員，均應以互相尊重為原則。……令人感到遺憾的是，會議期間有部分議員選擇漠視這個維持已久的常規，不僅不適當地插言，而且在會議廳內投擲物件」（指的當然是黃毓民「掟蕉」）。

第二封投訴信跟第一封相隔不到3個月。這封信的語氣較上次嚴厲，批評議員對官員使用「非常冒犯性及侮辱性的言語」，並特別指出「一名議員更走向政府官員面前，舉動帶威脅性」。唐司長強調，政府對問題「深表關注」，又說互相尊重是香港社會的核心價值，希望我協助「確保議會維護和遵循互相尊重的原則」。

這第二封信裏說的，是2009年1月7日立法會會議上發生的事。該次會議的一項議程，是辯論由吳靄儀議員動議的有關2012年政制發展公眾諮詢的議案，出席辯論的政府官員是政制及內地事務局局長林瑞麟。

林瑞麟發言的時候，社民連3名議員多次高聲插話，並且用「廢柴」、「狗官」、「契弟」、「奴才」等詞語對他辱罵，梁國雄更離開座位走向林瑞麟。我多次警告及喝止無效，唯有先後命令3人退席。

這是繼「掟蕉」那次會議後，我第二次把3名議員逐出會議廳。事後黃毓民在傳媒面前把我狠罵了一頓。他說，他的政黨在選舉中拿了15萬3千票：「十分一香港人投票畀我，你趕晒我成個黨出門口？叫佢仆街啦！」

對於十分一香港人投票選出來的3位議員，我當然要尊重和維護他們在立法會裏發言的權利；但由十分九香港人選出來的其他議員的權利，我同樣要尊重和維護。我有責任維持立法會正當地、有效地運作，不能讓少數議員破壞會議秩序，妨礙了大多數議員在會議上履行他們的職務。這是詹培忠議員在我主持的第一次會議上提醒我的。

我回覆唐英年司長的投訴信說，作為立法會主席，我有責任確保在立法會內有言論和辯論的自由，同時亦有責任按照《議事規則》維持立法會會議的秩序。我指出，在投

訴信提及的會議上，有3位議員作出違反《議事規則》的行為，在勸而不止之後，我命令了3人立即退席。

　　我沒有直接回應議員被指在會議上使用「非常冒犯性及侮辱性的言語」的問題。議員對其他議員或出席會議的官員「使用冒犯性及侮辱性言詞」，是《議事規則》不容許的。黃毓民罵官員是「廢柴」、「契弟」時，我提醒他不可使用冒犯性言詞。

　　他反駁說：「我不覺得這些是冒犯性言詞，這些只是客觀陳述而已。……你無權說我冒犯他，這是公正的評論。」

　　我沒有就黃毓民的說話是否違反《議事規則》的問題作裁決：我不想和他糾纏，讓他在鏡頭前不斷重複那些詞語；況且我未能給「冒犯性及侮辱性言詞」劃定界線——例如「人肉錄音機」是否容許？

　　但我知道，這問題會愈來愈突出，遲早要處理。

兩停會議

第二次行政長官答問會，在2009年1月中舉行。那次會議我又創了一項紀錄：兩度宣布暫停會議。

行政長官答問會每年舉行4次，每次可以回答十多位議員的提問。均勻分配，每位議員每年最少可以發問一次。每次答問會開始前，秘書處都會把全體議員的名單按各人已提問次數排好次序，已提問次數愈少的排在愈前。如果在答問會中有多位要求提問的議員已提問次數相同，就看他們按下「要求發言」按鈕的先後，先按先問。

第一次答問會時，全體議員都沒提問過，所以同一優次，先按先問。社民連3人一早按了鈕；為爭取提問，他們都不想被逐出會議廳，所以沒有作出違規行為，結果梁國雄和黃毓民先後提了問。

到第二次答問會，梁國雄知道他沒有機會再提問，便沒有耐性安坐會議廳了。曾蔭權一進場，梁國雄便拿起一張寫着「倒行逆施，殊途同歸」的紙牌，離開座位走向曾蔭

權。我一再命令他返回座位，他在保安員「協助」下回座，但仍不斷大聲說話，我多次警告後才靜下來，讓行政長官向議員發言。

曾蔭權發言一結束，梁國雄又站起來大聲說話：「我現在要譴責他，我現在是正式抗議。……他是倒行逆施，跟董建華一樣，兩人是殊途同歸。……」我命令梁國雄立即離開會議廳，他反而拿着紙牌走向曾蔭權，邊走邊叫，「……殊途同歸！……倒行逆施！……我代表140萬名沒有普選權的人……」在保安人員包圍下，他退往會議廳出口，仍不斷叫喊。我認為不應讓這場面繼續向公眾直播，於是宣布暫停會議。

我這一宣布，會議便停止直播（雖然個別傳媒可以繼續拍攝會議廳內發生的事）；我和行政長官一起離開會議廳，返回主席辦公室小歇。停會之前我已命令了梁國雄退席；保安人員「護送」了他出門之後，我和行政長官先後重返會議廳，我宣布會議恢復。

答問會進行了大約三分之二，輪到上次沒有提問的陳偉業提問。他發問期間，坐在他身旁的黃毓民拿出一隻吹氣香蕉，陳偉業把它接過，握在手裏揮舞，不斷用「九流」、「廢柴」等詞語批評政府官員。

曾蔭權忍氣吞聲，把問題答完。當我請下一位議員提

問的時候，陳偉業又站起來，投訴行政長官沒有回答他的問題。我命令他坐下，他站着喊：「食蕉啦！」我立即警告他說：「陳偉業議員，小心你的語言！」這可中了圈套：他不停地問：「我說『食蕉』有什麼問題？……請你解釋，我為什麼要『小心我的語言』？……」他一邊搖晃着吹氣香蕉一邊說，「特首在食蕉！……」

我決定再宣布停會，為要避免在鏡頭面前跟陳偉業辯論他說的那句話有什麼問題，為什麼說不得。

一次會議暫停兩次，以前從沒發生過。這次倒沒有人批評我處理不當。

但是，怎樣制止議員使用粗鄙語言的問題未有解決。我不能讓粗鄙語言不斷在會議廳裏聽到，更不能在鏡頭前跟議員辯論他的語言是否粗鄙。我需要樹立權威：某些話我宣布了在會議廳裏不能說，就不能說，不容爭辯。

這問題仍未解決，在另一次會議上，社民連衝擊《議事規則》的行為又升級了。

陳偉業站着向曾蔭權喊:「食蕉啦!」曾鈺成立即警告他:「小心你的語言!」但陳偉業反問「食蕉」有什麼問題?

孤立威風

　　曾俊華是特區政府至今任期最長的財政司司長。他嚴格奉行審慎理財的原則；財政儲備在他任內連年遞增；他反對任何涉及長期財政承擔的福利政策，這令他成為社民連猛烈抨擊的對象。

　　2008至2009年，香港受全球金融風暴影響，經濟衰退，失業率上升。2009年2月，曾俊華在立法會會議上發表他任內第二份《財政預算案》，宣布推出若干一次過的紓困措施。

　　他的預算案演詞讀了大約一半的時候，黃毓民突離開座位，手裏拿着一塊標語牌，走向曾俊華。我命令黃毓民回座，他不理會，繼續走到主席台前，讀出標語牌上的文字：「坐擁百萬億財政儲備，無視百萬窮人死活。」

　　在我的喝止聲中，他走到曾俊華面前，突然伸手去搶曾俊華手裏的講稿。曾俊華是習武之人，身手敏捷，講稿一收，黃毓民抓不着；他大喝一聲：「你讀什麼！」竟一手

掃翻曾俊華桌上的物件，包括講稿架和水杯。這出乎意料的動作令會議廳裏所有人都愣住了，多名坐在曾俊華旁邊的官員站了起來。曾俊華也不禁一怔，黃毓民趁機再搶講稿，成功扯去了其中一頁。他繼續呼叫：「有什麼好讀！」

我命令黃毓民立即退席。這時，先前不動聲色離開了會議廳的梁國雄，突然從最接近官員座位的門口閃出來，一下子走到曾俊華的座位前面。只見他手裏拿着一隻碗，叫道：「還讀什麼？這飯碗給你！」他說着，一手將碗摔破：「飯碗打爛了！」

我命令梁國雄立即退席。他又從褲袋裏掏出一隻玩具香蕉，擲向曾俊華。當保安人員和他糾纏的時候，陳偉業又站起來高叫：「特區政府救市不救人，可恥！」

我重複說：「我命令黃毓民議員、梁國雄議員和陳偉業議員立即退席！」但3人全不理會，繼續在會議廳內高聲叫喊。於是我宣布暫停會議。5分鐘後，3人離開了會議廳，曾俊華的桌面收拾乾淨，會議恢復。曾俊華從容地拿出後備講稿，繼續讀他的演詞。

「掃台」行為受到各方齊聲譴責。立法會秘書處一天內收到百多封投訴信。「遇襲」的曾俊華批評黃毓民的行為幼稚、無聊，嘩眾取寵。政務司司長唐英年第三次給我發投訴信，指「有關議員一再針對政府官員作出不當行為，更

輔以愈趨威脅性的舉動是令人憂慮。」信中說政府「深切遺憾」,「高度關注這些行為對行政立法關係所帶來的嚴重負面影響」。

當天傍晚,30名建制派議員發表聯署聲明,譴責社民連的行徑。泛民主派的其他議員也不得不和社民連劃清界線;他們沒有簽署建制派發起的譴責聲明,但民主黨公開批評社民連的行為破壞議會秩序及尊嚴,表示不能接受;兩天後,民主黨和公民黨聯合召開記者會,對社民連議員的行為表示不滿和非常遺憾,並要求議事規則委員會就事件進行討論,防止同類行為再次發生。

面對千夫所指,黃毓民自稱「替天行道」,並拋出4句話形容社民連:「四面受敵,八面威風,不怕孤立,才可獨立」。

他告訴記者:「破壞議會規則是必然的了;以後會更多,你們慢慢就會習慣。」對於「黃毓民現象」,許多人是永遠不會習慣的。

不受制裁

　　黃毓民的「掃台」行為，令政府高層十分憤怒。事發當晚，時任行政會議召集人梁振英在他的個人網頁發表文章，指社民連3人的偏激行為「粗暴擾亂秩序」，不應姑息。文章説：「在茶樓飲茶，如果有人做出類似以上的行為，相信必定有茶客報警，這類行為，一而再，再而三，發生在立法會，不能沒有人理，立法會的秩序標準，不應低於茶樓，否則香港聲譽不保。」

　　政府裏大概不少人都有同感。有報道説，有政府高官表示忍無可忍，矢言下次再有議員向官員動手，政府一定採取反擊行動。

　　政府不是沒有考慮把「掃台」事件報警處理。法律保障了議員在立法會會議中的言論自由：議員不會因為在立法會發表的言論而負上民事或刑事責任。但法律並不豁免議員在會議上的行為可能招致的刑責；例如議員在會議上因襲擊他人致造成身體傷害，可被檢控。黃毓民「掃台」，並沒有令曾俊華身體受傷，甚至沒有碰到他的身體；但法律

規定，任何人蓄意或鹵莽地作出一些行為，令受害人擔心會即時受到非法武力對待，便觸犯襲擊罪，即使沒有傷及受害人的身體。襲擊罪如果成立，可判處一年監禁。

黃毓民「掃台」時，坐在曾俊華旁邊的律政司司長黃仁龍立即問曾俊華有沒有受驚，曾俊華誠實地回答：「沒有。」曾俊華既沒受傷，又「未驚過」，不擔心會即時受到非法武力對待，這就不能以襲擊罪控告黃毓民。他撕去了曾俊華一頁講稿，或許可控以「刑事毀壞」；但受害人損失輕微，即使罪名成立，只會輕判。所以，依靠刑事檢控奈何他不得。

政府高層最關注的，是在以後的立法會會議，尤其在快將舉行的另一次行政長官答問會，怎樣防止議員再次騷擾和侮辱官員？按照《議事規則》，只有當議員的行為達到極不檢點時，主席才可以命令他退席。在議員未有行動之前，沒有什麼防範措施可以採取；到議員的行動開始了，主席可以立即發出叫他退席的命令，但鬧事的議員不會合作地即時退下，在保安人員把他移離會議廳之前仍可有很多動作。被命令退席的議員，在當次會議不能再進入會議廳，但出席下次會議的權利不受影響。也就是說，議員在會議廳裏鬧事，事前既不能防止，事後又不能處分。

在群情洶湧之際，多名立法會議員，包括泛民陣營裏的議員，都主張要收緊《議事規則》，對嚴重違規行為訂立

罰則。有泛民議員指出，外國的議會也有違規議員要被罰「停賽」——在一段時間內禁止出席會議——的規定，認為可考慮效法。

可是，到議事規則委員會開會討論處理議員違規問題的時候，泛民陣營的委員都反對修改《議事規則》了，因為他們不願賦予來自建制派的立法會主席更多權力。結果，議事規則委員會決定，「毋須引入任何新安排處理議員在立法會及委員會會議中行為不檢點的情況」。

不過，委員會通過了另一項決定：編製及公開一份「冒犯性及侮辱性或不適宜在議會使用的言詞一覽表」。因為議員「爆粗」，已取代了「掃台」，成為公眾最關注的問題。

濁浪清流

　　審核、通過財政預算，是立法會的一項重要職權；立法會履行這項職權的方式，是審議通過每年由財政司司長提出的、載有政府在新的財政年度裏全部服務開支預算的撥款條例草案。

　　財政司司長每年通常在2月下旬的一次立法會會議上提交撥款條例草案，並在動議條例草案的二讀議案時發表預算案演詞。二讀辯論隨即「中止待續」，撥款條例草案交立法會財務委員會處理。3至4星期後，財務委員會便會召開一連5天特別會議（星期一至星期五），詳細審核開支預算。

　　特別會議分成約20節，每節審核一個政策範疇的開支項目，有關的政策局局長或其他負責官員須出席。會議公開進行，市民可以旁聽。

　　2009年的財委會特別會議在3月第四個星期舉行。第二天會議的第一節，審核政制及內地事務局的預算。在

會議上，陳偉業批評政府未有派出官員往內地探望被扣留的港人，黃毓民因不滿局長林瑞麟的回應，大聲叫罵「仆街啦你！」並爆出「臭四」等說話。在場的林大輝議員提醒黃毓民不要「講粗口」，黃毓民卻大叫：「臭四不是粗口，你返去查下字典啦！」當時主持會議的財委會主席劉慧卿並沒有干預。

翌日，政務司司長唐英年第四次向我發出投訴信，同時亦致函內務委員會主席和財務委員會主席，批評有議員在財委會特別會議上多次使用粗言穢語，而財委會主席未有即時提醒議員不應使用該等語言。

豈料在接着的一節審核勞工及福利局預算的會議上，社民連「爆粗」升級。梁國雄藉批評政府老人院舍不足，對局長大罵：「你叫曾蔭權仆街啦！」然後他聲明，說這兩個字是要向唐英年挑戰：「他胸無點墨，不懂『仆街』和『臭四』什麼意思，就指人說粗言穢語。……政府要麼就找個語言專家出來，不要由不懂（什麼是粗口）的唐英年來亂說。我現在要唐英年道歉，說我講粗口？他夠膽就與我電視辯論，看他懂不懂！」

這時，在席的財經事務及庫務局副秘書長甯漢豪要求發言。她說自己要「拿出勇氣」來說幾句話；然後她心平氣和地說：「什麼叫粗口呢？我想不需要找什麼語言專家。作為有子女的媽媽，我會不會教導子女作文或者說話時，用

梁國雄議員剛才說的那兩個字呢？不會。這便是我心中的尺度。所以我鄭重地提出，放膽地提出，這兩個字是粗言穢語。」

當晚唐英年出席公開活動時再次批評，有個別議員繼續無視《議事規則》，多次使用粗言穢語，引起公眾反感，對議會形象造成負面影響。

對於財委會主席未有即時制止有關議員，他再次表示非常失望。他要求立法會盡快採取有效措施，確保官員在出席立法會各種會議時，不再受粗暴語言或行為的滋擾。

最引人注目的是那位「拿出勇氣」說話的副秘書長。她的發言像濁浪中的一股清流，引起很多收看會議直播的市民和官員的共鳴。有傳媒報道，第二天早上，在行政長官和主要官員的「早禱會」上，曾蔭權點名稱讚了這位時年只有45歲、官位只屬首長級第四級的政務主任。

禁用詞彙

　　一連數天的財委會特別會議，本應用來審議政府各部門的開支預算、討論政府提供的各項服務，卻變成了「粗口論壇」，在社會上引起了很大的反感。行政長官曾蔭權出席公開活動時，嚴厲譴責議事廳裏的粗口文化。

　　他特別提到甯漢豪在財委會特別會議上反對粗言穢語的發言，指出她是以媽媽的身份，説出了廣大市民的心聲，在議會內外得到廣泛認同。

　　粗鄙語言在會議廳裏泛濫的情況，確實非制止不可。我覆信給政務司司長唐英年，表示已請議事規則委員會檢討有關會議秩序的條文，研究列出議會不容許的詞彙，規定在會議上不得使用。我在一個公開場合向傳媒解釋，近期會議上有關粗口問題的爭論，已令立法會形象受損；議事規則委員會應就議會禁止使用的詞彙達成共識，劃出底線，停止爭論。事實上，列出議會禁用詞彙的做法，在外國議會是頗常見的。

我這説法，被一些人解釋為要編製一部「粗口詞典」，立即惹來批評和譏笑。有人説沒需要，有人説行不通，更有人説我「反智」，把我嘲諷一番。一位退休教師朋友語重心長地告誡我説，不要把自己變成大眾笑柄。

我當然不是要編製什麼粗口詞典；我沒有那麼博學，也未至那麼反智。我沒能力也沒興趣去界定哪些話是粗口；我要做的，正是要不讓立法會在這問題上糾纏不休。

2009 年 4 月初，立法會恢復撥款條例草案的二讀辯論。梁國雄發言時，又再提到他和曾蔭權、唐英年關於粗口的爭論。他在發言結束時説：「這場鬥爭是不會完結的。如果唐英年和曾蔭權拿不出理據，證明（「仆街」）這兩字是粗口，那麼他們會不會收回他們説的話（指兩字是粗言穢語），便可見這個政府有沒有誠信了。……各位，『仆街』這兩個字肯定不是粗口，是你們扭曲了。」

我接着説：「梁國雄議員在發言的最後部分提及的兩個字，在過去個多星期曾經在議會內外引起很大的爭議，所以我要在這裏作一個裁決。」

「我明白，對於剛才梁國雄議員提及的字眼被指為粗口或粗言穢語，梁國雄議員和本會其他一些議員有很強烈的反應。但我要指出，議會的語言不能只以是不是粗口作為一條界線。同時我認為，我們不能讓議會的時間花在有

關某些字眼是不是粗口的冗長辯論上。我很留意在過去個多星期，議會內外各方面對於這些引起爭議的字眼的反應。考慮到各方面的反應，我裁定剛才梁國雄議員所提的兩個字是不適宜在這議會上使用的。」

「儘管在過去，在某些會議上，有議員用過這字眼而沒有被制止，但我現在作出這裁決後，在這議會裏便不應再使用這字眼。」

我沒有裁定那二字詞是粗口。社民連3人覺得他們沒有「輸」給唐英年，他們沒有反對我的裁決。那二字詞自此沒有再在會議廳裏聽到：3人起初還玩弄諧音，例如用普通話說「不該」或者說英文 poor guy，但不久見無人理會，也就不再說了。

那二字詞列入了秘書處編纂的「冒犯性及侮辱性或不適宜在議會使用的言詞一覽表」。

亦敵亦友

　　梁國雄是在立法會會議上製造麻煩最多、給我逐出會議廳次數最多的議員；他同時又是在非建制派陣營中，在會議廳外、在立法會事務以外跟我接觸最多的議員。

　　和很多其他人一樣，我最初是看新聞認識梁國雄的：抬着棺材示威的「長毛」，穿着哲古華拉頭像汗衫，行為粗魯、樣貌兇惡、說話大聲。他未當立法會議員之前，經常到立法會示威。會議開始前他在門外叫喊；會議進行時他坐到公眾席上，到適當時機便起來行動，舉標語、喊口號、向會議廳擲物，直至保安人員把他帶走。他曾多次因擾亂立法會會議被拘捕檢控，被判蔑視立法會罪成入獄。

　　我第一次和他正面「遭遇」，是在 2003 年 11 月的區議會選舉。我當時是民建聯的主席，在選舉日要到多個選情較激烈的選區去助選，其中包括梁國雄空降挑戰在任議員蔡素玉的北角錦屏區。

　　當天上午我一到那裏，便遇上梁國雄，周圍有大批記

者。長毛迎着我走過來，一邊大叫「踢走保皇黨！」我對他說：「你就只有這一句口號？」他認真地回答說：「還有兩句：董建華下台！反失業反貧窮！」我問：「你老兄為反失業反貧窮做了些什麼呢？」

長毛惡狠狠地反問：「你贊成不贊成最低工資？」他指着我，指頭幾乎戳到我胸口。我無意留在那裏跟他做街頭辯論，在蔡素玉的掩護下，擺脱了他，轉到另一個選區去了。

那次他敗在蔡素玉手下。但10個月後，在2004年的立法會選舉，他成功在新界東當選，成為尊貴的議員，開會時坐到會議廳裏，不再坐在公眾席。

他出席立法會會議時，穿的依然是那件哲古華拉頭像汗衫。我當時是立法會議事規則委員會主席；委員會接到立法會主席的指示，要研究梁國雄議員的衣着是否符合《議事規則》第42條的規定：「議員進出立法會會場，在衣飾及舉止上須保持莊重。」經過一番激辯，委員會決定，梁國雄的汗衫也算「莊重」，沒有違反《議事規則》。

我當了立法會主席之後，梁國雄是逕自走到主席辦公室來找我最多的議員。有一次，他怒氣沖沖地走進來，劈頭就說：「大樓裏到處都有那些政府公務員站着……」他指的是政府派來的「狗仔隊」：他們都是較年輕的政務主任或行

梁國雄是被曾鈺成逐出會議廳次數最多的議員,同時也是泛民陣營中與曾交流最多的議員。

政主任,任務是守候在立法會大樓各主要通道,留意和記錄議員的行蹤,向負責統籌的官員滙報。這是為了保證在關鍵時候,會議廳裏支持政府的議員有足夠的人數。

我以為長毛要投訴「狗仔隊」的滋擾,正想對他說我不能把他們趕走,誰知他繼續說:「過門都是客,怎能叫他們站着,沒椅坐,沒水喝?」

又有一次,當我在籌辦婚事的時候,他走進來,沒頭沒腦地問我:「你知道愛情是什麼?」我先是一怔,然後覺得好氣又好笑,心想:你憑什麼來跟我討論愛情?他接着說:「我送你一本書,*The Art of Loving*,你看過嗎?」我承認沒看過;幾天後,他真的給我把書送來了,是哲學家、心理學家 Erich Fromm 的著作。我讀了兩遍,讀懂了不到一半。

梁國雄送我很多書,包括哲學、政治和數學書。還有一本是講巴西足球的,分析足球成為巴西國技的社會和經濟原因。

立法會議員對官員足球友誼賽，彼此打成一片。

亦儒亦痞

寫了梁國雄，不能不寫黃毓民。

黃毓民和梁國雄兩人的家庭出身、教育背景和生活習慣都很不相同，但他們除了都是政府官員和建制派議員的眼中釘之外，還有兩個共通的特點：第一，兩人都聰明絕頂，思維敏捷；第二，兩人都讀書無數，出口成章。

黃毓民是會議準備工夫做得最認真的議員。他每次在會議上發言之前，都會送我一份預先印好的發言稿。他的發言稿幾乎每一篇都旁徵博引，從孔孟、柏拉圖，到亞當史密、馬克思，到毛澤東、甘地、馬丁路德金、克林頓、溫家寶：古今中外名人語錄，他經常引述，每段引文都註明出處。他發言時，稿子拿在手裏，但很少照稿念：他一開腔，説不了兩句，就會橫眉怒目，青筋暴起，提高沙啞的嗓門來罵人；罵得性起，怎會一字一句的去念那稿子？

但他寫到稿子裏的典故，許多還是會在發言裏提及的。説實話，聽立法會議員的發言，一般不可能令你長到什

麼知識；黃毓民的發言是罕有的例外。不要以為他説的都是罵人的髒話：我不同意他的政治立場，不欣賞他的罵人惡相，但從他的發言內容，卻學到不少我原來不懂的東西。

例如，前文説過，曾蔭權要為生果金設資產審查，譚耀宗批評他是「倒行逆施」。黃毓民在《施政報告》辯論發言時質疑譚耀宗用詞是否恰當。他指出「倒行逆施」一語出自《史記·伍子胥列傳》；他講了伍子胥説這句話的前因後果，然後解釋，這句話有「傷天害理」的意思，是針對一個腐朽政權的嚴重指控。

又如在「改革問責制」的議案辯論裏，他用「狗尾續貂」來形容特區政府的政治問責制。這句成語，現在一般是用來表示把劣質的東西接到優美的事物後面，殊不知它原來另有所指。黃毓民説了西晉司馬倫濫封爵位，以至裝在官帽子上的貂尾不夠用、要拿狗尾權充的故事，説明「貂不足，狗尾續」是對胡亂封官的譏諷。

又有一次，他發言時引述了《老殘遊記》這段話：「贓官可恨，人人知之；清官尤可恨，人多不知。蓋贓官自知有病，不敢公然為非；清官則自以為不要錢，何所不可，剛愎自用，小則殺人，大則誤國。吾人親目所睹，不知凡幾矣。」這段話很多人都會讀過；他信手拈來，月旦時人時事，可謂淋漓盡致。

我坐在主席椅子上的 8 年，聽了數百篇黃毓民的發言；像以上引經據典的例子，不勝枚舉。

很多人都說，鏡頭前和鏡頭外的黃毓民是兩個人：在鏡頭前他剛把你罵個狗血淋頭；一離開鏡頭，他可以馬上跟你談笑言歡。不過，他罵人的兇狠並不好受；給他罵過的官員和議員（這佔了大多數，包括泛民議員），受得住而仍然樂意和他交朋友的不會很多。

但仰慕他的人可也不少，特別是年輕人。他給我介紹過幾個跟在他身旁的小伙子，由他悉心栽培成為處理立法會事務的得力助手，包括替他撰寫一部分發言稿，水準一流。

他具有教主的才華，贏得門徒拜服；卻欠缺領袖的器量，難令隊友歸心。他先後退出了他創辦和領導的社民連和「人民力量」，且和其中一些主要成員反了臉，連朋友也做不成。

黃毓民可以在鏡頭前把你罵個狗血淋頭，離開鏡頭
卻馬上可跟你談笑言歡。

第三章　尚方寶劍

特權條例

　　第四屆立法會任期剛開始，便決定動用《立法會（權力及特權）條例》（下稱《特權法》）對兩個事件進行調查：「梁展文事件」和「雷曼迷你債券事件」。

　　被稱為「尚方寶劍」的《特權法》，賦權予立法會和它的任何委員會，在對任何事件進行調查的時候，可傳召證人出席研訊。被傳召的人如果拒絕出席或回答提問，即犯藐視罪，可判處罰款及監禁。《特權法》回歸前已經存在，而立法會傳召證人的權力亦寫進了《基本法》。

　　「梁展文事件」是2008年立法會選舉的一個重要議題。梁展文是原房屋及規劃地政局常任秘書長，2007年1月從政府退休。2008年8月1日，新世界中國地產有限公司宣布聘任他為執行董事及副董事總經理，年薪逾300萬元。這消息一公布，立即令人們聯想到先前的「紅灣半島事件」。

　　2002年底，政府為了挽救樓市，宣布停售居屋。紅灣

半島是新世界和新鴻基兩個發展商參建的居屋，較早時已經落成；政府向發展商建議，由他們繳付一筆補地價，把紅灣半島轉為私人樓宇。時任房屋署署長的梁展文負責與發展商談判補地價金額，結果從政府起初提出的17億元，大幅減至8.64億元，惹來賤賣公共資產的非議。現在梁展文退休後獲聘出任新世界集團高職，不能不令人懷疑是收受「延後利益」，於是社會輿論嘩然。

至8月中，時任公務員事務局局長俞宗怡向行政長官曾蔭權提交報告，承認審批梁展文入職新世界的申請時，未有考慮紅灣半島事件，並為此向公眾道歉；行政長官指示局長重新評估梁展文的申請。不過，梁展文和新世界接着已發表聲明，宣布「雙方決定顧全大局，協議無條件提前解約，釋除社會疑慮」，於是政府毋須再處理梁的工作申請。

此事發生在立法會選舉前夕，自然成為反對派候選人的彈藥；他們集中火力攻擊政府對梁展文入職新世界申請的審批程序。政府聲譽受打擊，建制派候選人難免受牽連；他們私下都埋怨政府「靠害」，公開便急忙跟政府「割席」，在選舉論壇上雖未至如反對派那樣痛罵政府，也不能不批評官員缺乏政治敏感。

選舉結束、新一屆立法會就任後，調查梁展文事件的呼聲便立即響起來了。雖然行政長官在9月底宣布成立「首

長級公務員就業檢討委員會」,全面檢討規管首長級公務員離職後在私人機構擔任工作的政策和安排,但這並沒有減低議員們要由立法會對事件進行調查的意欲。成立專責委員會調查事件、引用《特權法》、傳召有關人士出席研訊,罕有地得到建制和泛民兩個陣營的議員一致支持,而政府也沒有嘗試游說議員放棄。

經過兩個月的籌備工作,調查梁展文事件的專責委員會於2008年12月正式成立。2009年3月至11月,委員會進行了23場公開研訊,一共傳召了20多名證人,包括梁展文本人和多名在任及已離任的官員,以及新世界中國地產的主席鄭家純和執行董事梁志堅。

鄭、梁二人對他們收到的傳票向法庭申請司法覆核,興起了一場挑戰「尚方寶劍」的官司。

擴權爭議

調查梁展文事件的專責委員會2009年3月向新世界鄭家純和梁志堅發出傳票，二人在4月出席了專責委員會的兩次研訊。同年7月，當專責委員會再傳召二人出席研訊時，他們就傳召的合憲性向法庭申請司法覆核；答辯人除了專責委員會全體成員之外，還包括立法會主席，因為《特權法》規定，傳票是立法會秘書按照立法會主席的指示簽發的。

新世界的代表律師指出：專責委員會根據《特權法》傳召證人；《特權法》第9條規定，立法會以及它的常設委員會或任何其他委員會，可命令任何人到立法會或委員會前作證。但是，《基本法》第73條（十）提及的傳召證人的權力，屬於立法會的職權；條文並沒有把權力授予立法會轄下的委員會。所以，只有整個立法會才有權傳召證人，專責委員會沒有這項權力。《特權法》第9條牴觸了《基本法》，因而無效。

法庭在8月中就司法覆核進行聆訊，9月下旬發出判

決書，駁回鄭、梁二人的申請。法官在長達111頁的判決書中指出，立法會行使《基本法》第73條（十）賦予的傳召權，可以用全體議員舉行會議的方式，也可以用專責委員會運作的方式。委員會是大會的「自然延伸」（natural extension）；如立法會處理的所有事務都要由全體議員一起行事，顯然不切實際。

法庭駁回司法覆核的申請後，專責委員會按原定計劃傳召新世界鄭、梁二人出席研訊。二人向上訴法庭提出了上訴申請，並透過代表律師發表聲明說，案件涉及重要的憲法觀點，包括對立法會與其委員會權力界限的正確闡釋，以及釐清法院對立法會的監督權力。鑑於問題的重要性，有必要交由最高級別的法院作裁決。不過聲明又說，鄭、梁二人無意影響或拖延專責委員會的工作進度，所以二人將自願出席接下來的研訊，雖然這絕不等於他們接受委員會有傳召他們的法定權力。

二人依照專責委員會的要求出席了以後的研訊，並提交有關文件，直至委員會的取證工作完成。二人最終亦撤回了上訴的申請。值得一提的是，特區政府律政司以「涉及團體」的身份參與了這場訴訟，並委聘了回歸前曾任香港政府律政司的資深大律師唐明治為代表律師。唐明治在法庭上陳詞時，表達了特區政府對立法會和專責委員會調查工作的支持。他說，立法會的有效監督有利於維持政府的良好管治；政府容許公務員進出「職場旋轉門」，從政府部

門轉到私人機構工作，但有的轉職或惹起公眾關注。立法會作為監察者，應該享有查明真相所需的特權。

特區政府對專責委員會採取這樣正面的態度，近年已成絕響。

專責委員會的傳召權獲得香港法庭確認，但受到內地法律學者的質疑。在北京舉行的一個「鄭家純、梁志堅訴香港特別行政區立法會案」學術研討會上，包括中國政法大學教授廉希聖的多位內地學者都認為，獲《基本法》授權傳召證人的是整個立法會而不是任何委員會；專責委員會行使這權力是自行「擴權」。

雷曼風波

　　立法會用《特權法》查梁展文事件，政府沒有阻撓；用《特權法》查雷曼事件，政府卻極力反對。

　　在美國次按危機引發的 2008 年金融海嘯中，雷曼兄弟控股公司——美國第四大投資銀行——2008 年 9 月 15 日宣布破產。雷曼發行的、市場稱為「迷你債券」的信貸掛鈎票據，頓時價值暴跌。

　　香港有 4 萬多人購買了雷曼迷你債券，總值超過 200 億港元。這些小市民大多數不是有意投資金融衍生產品的；他們很多根本不知道「迷你債券」其實不是債券，而是高風險的衍生工具。當他們到銀行辦理定期存款續期的時候，財務經理向他們推薦，説那是低風險、高回報的投資；他們聽信了對方的建議，用存款購買迷債，以為可以比定期存款多拿一點利息，誰知連本金也輸掉了。他們有不少是退休人士，輸掉的是畢生的積蓄。

　　新一屆立法會的任期還未開始，各黨派的候任議員已

接到大量雷曼苦主的求助個案。議員上任後,一方面要協助苦主追討賠償,另一方面要追究金管局和銀行的責任:銀行誤導小投資者,向他們推銷高風險衍生產品;金管局視而不見,有失監管之責。在內務委員會第一次會議上,民主黨議員甘乃威建議成立專責委員會,引用《特權法》調查雷曼事件。

對於要亮出「尚方寶劍」去查雷曼事件,大部分建制派議員表示反對。他們認為當務之急是要督促政府和銀行協助雷曼苦主討回損失,以及聚精會神應對金融海嘯的衝擊;如果在這個時候展開調查、追究責任,財金官員和銀行界便要為應付調查而分散精力,影響他們的主要職責。甘乃威的建議以一票之差被否決;但會議通過在數天後召開一次特別會議,討論雷曼事件,邀請財金官員及銀行代表出席,向議員作交代。

官員們在特別會議上的表現,並不能令議員相信他們會盡力為雷曼苦主討回損失;很多議員,包括本來反對調查的建制派議員,都表示對官員們非常失望;在公眾席旁聽的苦主更十分不滿,表示聽完會議之後,更加擔心損失的錢財無法追討。既然特別會議沒有解決問題,議員們一致通過,內務委員會要在下次會議成立一個小組委員會,專門跟進雷曼事件。

有議員認為,小組委員會應獲授權使用《特權法》傳召

證人；這就等於繞個圈成立調查雷曼事件的專責委員會。政府對內會成立小組委員會並不介意，但大力游說建制派議員反對授權小組委員會行使《特權法》。另一方面，很多對政府不滿的雷曼苦主向議員施壓，要求他們支持用《特權法》進行調查。

在內會第二次會議上，議員一致通過成立跟進雷曼事件的小組委員會；民主黨議員涂謹申進一步建議，授權小組委員會使用《特權法》。工聯會改變立場投了支持票，民建聯、自由黨和大部分其他建制派議員投棄權票；建議獲得通過。

內務委員會有權決定成立小組委員會；但賦權小組委員會行使《特權法》，則需要立法會會議通過。政府繼續游說議員，在大會否決小組委員會使用《特權法》的建議。

金錢利益

授權雷曼小組委員會行使《特權法》的議案，在 2008 年 11 月 12 日的立法會會議上辯論及表決。社會上對應否由立法會來調查事件有不同的聲音，但許多雷曼苦主都強烈要求立法會調查。會議前，全部泛民議員及建制派中的工聯會和自由黨都已表明支持議案。代表金融界的立法會議員、東亞銀行主席李國寶試圖力挽狂瀾，發信呼籲議員否決議案。他表示，如果小組委員會有巨大權力對付私營金融機構，將造成極壞的先例，損害香港的國際金融中心地位。他又指出，如果小組委員會行使權力向銀行索取文件和傳召管理層作證，將令銀行難以全力協助苦主。

擁有 9 票（我的一票不算在內）而一直未有表態的民建聯，成為雷曼苦主施壓的主要對象。會議前一天，百多名苦主擠到民建聯總部，把一批簽名交給民建聯主席譚耀宗，要求民建聯議員投票支持議案。會議當天，民建聯終於表示，尊重雷曼苦主的意願，將對議案投贊成票。

議案辯論開始不久，李國寶議員發言。他除了一再呼

籲議員反對議案外，並表示他堅決不會因被指在議題上涉及金錢利益而退席。他強調要履行職責，反映金融界對議案的立場。其後，民主黨議員李永達發言時，要求我就李國寶在議題上是否有直接金錢利益作出裁決。

《議事規則》規定，在立法會會議上，「議員不得就其有直接金錢利益的任何議題表決，除非該議員的利益屬香港全體或某部分市民同樣享有，又或議員所表決的事宜是政府政策」。李國寶議員可否就議案投票，要看第一、他是否有直接金錢利益？第二、如果有，該利益是否香港一部分人——例如銀行界——同樣享有？我認為第一個問題的答案是否定的：雖然如李永達指出，李國寶的銀行有銷售雷曼迷你債券，但不論議案獲得通過與否，我看不到他從中會有什麼直接金錢利益。再說，即使有金錢利益，第二個問題的答案是肯定的；即是說，李國寶議員無論如何不需要退席，應可以參與表決。

可是，對於某一位議員是否涉及直接金錢利益而須退席，如果有爭議，《議事規則》把決定權交給整個立法會，而不是交給立法會主席。《議事規則》沒有授權主席命令他認為有金錢利益的議員退席；但規定如果有議員認為另一位議員有直接金錢利益，可以在主席請會議就原議案進行表決時，臨時動議一項命令該有關議員退席的議案，由會議議決。

議案辯論進行了超過8小時，發言的30多位議員大部分支持議案。公眾席上坐滿了雷曼苦主，他們多次在議員發言時鼓掌，要我出聲制止。

在進行表決前，我先處理李永達議員提出的李國寶議員須退席的議案。在幾位議員發言反對議案後，李永達撤回他的議案；李國寶可參加表決。

事後有不懂《議事規則》的傳媒說我「卸膊」，不肯裁定李國寶須退席。

會議以大比數通過雷曼小組委員會可行使《特權法》。連李國寶在內，只有4人投了反對票，其中唯一的直選議員是葉劉淑儀。

千萬調查

　　立法會對梁展文事件的調查花了兩年時間，專責委員會於 2010 年 12 月發表長達 440 頁的調查報告。按立法會秘書處計算，這項調查耗資 1750 萬元。

　　報告對梁展文作了嚴厲批評，指他刻意隱瞞事實，口供前後不一，不符高官的應有操守，影響公務員隊伍聲譽；報告又指新世界集團明顯為梁展文度身訂造職位，令人懷疑是對紅灣事件的「延後利益回報」。梁展文不服，發表 7 頁紙的聲明反駁，指報告「充滿政治動機」，「罔顧事實情理」，「對無辜者冠以莫須有的罪名」；又說：「倘若時光倒流，我會同樣重新再做一次！」新世界董事總經理鄭家純則批評報告「閉門造車」，「喜歡怎寫就怎寫」。

　　對於公務員事務局和運輸及房屋局裏負責審批梁展文入職新世界申請的 6 名高官，調查報告點名批評，並按各人所犯過失的輕重分別用了「極度遺憾」、「深表遺憾」、「遺憾」和「不能接受」等評語，但沒有「譴責」任何人，也沒有要求問責官員下台。

報告最重要的部分，是就規管首長級公務員離職後從事工作的政策及安排，提出了共 23 項改善建議。立法會就報告進行辯論時，代表政府答辯的政務司司長唐英年承諾，政府會認真研究和考慮報告提出的建議並作出決定。至此，梁展文事件總算告一段落；調查報告的建議政府最終採納了多少，立法會沒有再跟進，但類似梁展文事件的醜聞沒有再發生（或者沒有再被揭發）。

至於一開始便引起較大爭議的雷曼事件調查，小組委員會查了足足 3 年半，到當屆立法會任期接近結束時才完成報告，耗用了 2800 萬元公帑。

小組委員會的報告長 300 多頁，除了對「結構性金融產品」的監管制度提出了 50 多項建議之外，並對金融管理局總裁任志剛予以「譴責」，對證監會行政總裁韋奕禮表示「極度失望」，對財政司司長曾俊華和財經事務及庫務局局長陳家強則表示「失望」。至於銷售雷曼迷債的銀行，報告對他們沒有點名譴責，也沒有指出他們要承擔什麼責任。

小組委員會的 3 名成員黃宜弘（副主席）、林健鋒和石禮謙認為報告對任志剛的譴責和對其他官員的批評太苛刻、不公道，拒絕在報告上簽署，並且另行發表一份「少數成員報告」。另一方面，雷曼苦主又不滿報告對他們認為監管失責的財金官員過於寬大，又沒有追究銀行的責任。立法會對雷曼事件的調查是在苦主們強烈要求下展開的；調

雷曼事件小組委員會黃宜弘（中）、林健鋒（左）和石禮謙不滿報告批評太苛刻，另行發表少數成員報告。

查結果卻令許多苦主感到失望。

　　事實上，立法會的調查對苦主們追討賠償有沒有幫助呢？抑或如反對調查的人所說，調查反而妨礙了銀行的工作、損害了苦主的利益？其實，早在一年多前，銀行已向雷曼苦主提出「終極賠償方案」，苦主收回的款額可達本金的九成多；調查報告發表時，大部分苦主已接受了銀行的賠款。

　　有批評者直指調查是浪費公帑；但也有評論認為，正是由於立法會用《特權法》調查事件，對政府官員、監管機構和銀行造成強大的政治壓力，才迫令銀行不得不承受較大的損失，給苦主們提供最優厚的賠償。

休會辯論

2008年底,「加沙戰爭」爆發。為報復哈馬斯的火箭襲擊,以色列在12月27日開始對巴勒斯坦加沙地帶進行空襲,並在2009年1月3日派出地面部隊進攻。很多巴勒斯坦平民在炮火中遇害;戰爭持續,傷亡數字與日俱增。

在2009年1月7日的立法會會議上,我批准了一位議員提出「休會辯論」,讓議員們就以色列對加沙地帶的襲擊發表意見。

「休會辯論」的規則不同於一般的議案辯論:動議的議案是「本會現即休會」;但議案動議之後,議員辯論的並不是要不要休會,而是另一個特定的問題(例如「加沙戰爭」)。到辯論結束,付諸表決的仍是「休會」議案,議員毋須就一項有實質內容的議題(例如「本會譴責以色列政府襲擊加沙地帶」)進行表決。

立法會有兩類休會辯論。第一類較常見,根據《議事規則》第16(4)條提出,在會議臨結束前進行,辯論的限

時較短。議員如要提出一項屬於這一類的休會辯論，須於7天前作出預告，並得到內務委員會支持。

另一類休會辯論，根據《議事規則》第16（2）條提出，在會議處理兩個事項之間進行，每位議員可以發言最多15分鐘。這類休會辯論必須獲得立法會主席批准，而主席考慮是否批准時，須判斷議員提出要辯論的問題是否重要而迫切。我在擔任主席期間，曾多次拒絕批准議員根據16（2）提出的休會辯論，因為問題沒有迫切性。

就加沙戰爭進行的休會辯論，是按16（2）提出的。提出該項休會辯論的議員，是梁國雄。

梁國雄向我發出的書面要求説，以軍行動已引起國際譴責，要求以國即時停火；聯合國安理會正不斷召開緊急會議商討對策。如果立法會表態反對以色列政府襲擊加沙，可有助加快我國政府在聯合國安理會發揮影響力，防止死傷人數進一步增加。

我批准辯論的書面裁決指出，由於全球一體化，任何地區出現的導致大量平民嚴重傷亡的戰爭所引起的人道和經濟問題，都會備受公眾關注；而目前的問題涉及正在持續進行的軍事行動，每天都有包括平民在內的大量人命傷亡。因此我認為，有關問題符合第16（2）條所指的迫切性和重要性。

梁國雄動議辯論時神色凝重，態度誠懇，語氣平和，一改慣常的輕浮作風。

　　他說：「大家毋須同意我的意見，但大家都要本着良心在這個議會上發言。……當發生了一件全世界政要都面對的事，而祖國政府在安理會內可以行使投票權的時候，我們的議會能說出對事件的關心，便彰顯人類可貴的和平、公義，以及對弱者的憐憫，這是我們的榮幸。」他的那次發言，可能是他在立法會裏準備最充分、態度最認真的一次。

　　在辯論中發言的議員，除了一位，大都譴責以色列對加沙地帶發動的襲擊。辯論結束，在進行表決前，我依慣例提醒議員，待決議題是「本會現即休會」；如果議案獲得通過，會議便立即中止，不能處理議程內餘下的事項。議員投票否決了議案，讓會議繼續進行。

　　有傳媒不明白休會辯論是什麼一回事，報道說譴責以色列的議案被否決。

議員法案

《基本法》第66條説：「香港特別行政區立法會是香港特別行政區的立法機關。」第73條列出立法會行使的職權，其中第一項就是「根據本法規定並依照法定程序制定、修改和廢除法律」。

立法會享有特別行政區的立法權。但是，這立法權並不完整：它並不包括立法提案權，即提出法案的權力。

在奉行「三權分立」的美國，只有國會議員才可以提出法案，政府不能提出。在英國，政府高官（首相和各部長）都是國會議員，他們當然有權在國會裏提出法案。至於在香港，政府官員不能擔任議員，立法會裏沒有政府的議席；但是，《基本法》第62條把「擬定並提出法案、議案、附屬法規」的權力交給了政府。

議員並非絕對不能提出法案，但要受第74條的限制：凡涉及公共開支、政治體制或政府運作的法案，議員不能提出。還有最厲害的一條限制：凡涉及政府政策的法案，在

提出前必須得到行政長官的書面同意。試想想：有什麼法案可以完全不涉及政府政策呢？不涉及政府政策的法案，還會有什麼用呢？

我最早要處理的兩條由議員提出的法案，是在2009年分別由李卓人和陳偉業提出。

李卓人提出的法案，跟2008-2009年度《財政預算案》裏一項紓困措施有關。2008年2月，財政司司長宣布，為加強對退休保障的承擔，政府將給每名月薪不超過10000元的市民的強積金戶口，一次過注入6000元。為落實該措施，政府在同年7月修訂了《強制性公積金計劃條例》，授權強積金管理局可給指定人士的強積金戶口注入「特別供款」。但這特別供款須視為強積金計劃的「強制性供款」，受惠人士在65歲之前不得提取。

李卓人提出的條例草案，是要進一步修訂強積金條例，令積金局的特別供款可視為自願性供款。這樣，受惠人士就可以提早提取款項，不用等到65歲。這修訂獲得大多數受惠人士的支持，自是不在話下。但它顯然涉及政府「加強退休保障」的政策；我只能裁定，它必須得到行政長官書面同意才可提出。

陳偉業的法案是針對禁煙措施的。政府在2006年立法擴大禁煙場所範圍，其中規定麻雀房、酒吧、夜總會、浴

室和按摩院等處所的室內地方由 2009 年 7 月 1 日開始禁煙。陳偉業提出的條例草案，要把這些場所實施禁煙的日期延遲兩年至 2011 年 7 月 1 日。他解釋，暫緩實施日期是要協助這些場所渡過當時的「經濟寒冬」。

但政府指出，有關場所須在 2009 年 7 月 1 日實施禁煙，已是既定的政府政策；把禁煙日期大幅延後，就是違反了這項政策。我聽取了法律顧問的意見後，只能接納政府的説法，把陳偉業的法案同樣裁定為須得到行政長官書面同意才可提出。

這兩條法案，如果拿到立法會裏表決，或許有機會獲得通過；但由於政府不同意，在《基本法》第 74 條的限制之下，議員根本不能提出法案。

連同這兩條，我擔任立法會主席的 8 年裏，一共處理過 10 條由議員提出的法案，全部我都要裁定為涉及政府政策，未經政府同意不能提出。

第三章　尚方寶劍

第四章　難破的冰

訪粵之旅

2009 年 5 月中，我第一次以立法會主席的身份，率領考察團到內地訪問。

促進立法會和內地的交流溝通，是我競選立法會主席時的一項承諾，也是我給自己定下的擔任這職位的一項重要任務。眾所周知，立法會裏的非建制派議員很多都和內地政府之間存在隔閡，有的更不能進入內地。

可是，隨着香港和內地在經濟和社會上的融合愈來愈緊密，立法會在監督特區政府制訂和推行各方面的公共政策時，不能對內地有關情況不聞不問。立法會議員到內地交流考察，應該正常化、經常化。

還有，2012 年行政長官和立法會的產生辦法（「政改方案」）要在當屆立法會任期內決定，而政改方案要通過，須獲得立法會全體議員三分之二即起碼要包括一部分非建制派議員的支持。為促成中央政府和各黨派議員就政改方案達成共識，溝通對話很有必要。

經歷了汶川地震和北京奧運的 2008 年，是回歸以來香港和內地關係最融洽的一年。這令我相信，打破隔閡、促進溝通的有利條件經已存在。

2008 年底，立法會的經濟發展事務委員會和環境事務委員會分別致函廣東省政府，表示希望到省內參觀訪問，以了解在經濟和環保方面粵港合作的發展。廣東省當局表示歡迎，但未有提出何時可以落實。

我請中聯辦協助安排這兩個委員會訪粵之行。2009年 3 月，中聯辦回覆，建議兩個事務委員會聯合組成考察團，到珠三角地區訪問。

為爭取有較高級的官員和考察團會面，他們建議由我以立法會主席的身份擔任考察團團長，我表示樂意應邀。到 4 月底，廣東省政府發來公函，正式邀請我率領兩個事務委員會，於 5 月中到深圳、廣州、南沙和珠海考察 4 天，「重頭戲」是在廣州與一位廣東省副省長舉行座談會。

立法會首次有泛民議員參加的內地訪問，是在 2005年 9 月。那次被稱為「破冰之旅」的訪問，也是到廣東省，全體議員參加，由時任行政長官曾蔭權任訪問團團長，立法會主席范徐麗泰任副團長。那是「規格」很高的一次訪問，會見了中共中央政治局委員、廣東省委書記張德江。

與張德江會面時，梁國雄穿着印有「平反六四」的汗衫出席，被工作人員攔阻，理論一輪後他蓋上另一件衣服才得進場。座談會上，多名泛民議員都讀出事前寫好的「六四」講稿；張德江還以一句「話不投機半句多」，氣氛有點緊張，但未至很不愉快；只是在回應梁國雄發言時，張德江有點動氣。那次之後，長毛再沒機會與內地官員對話。

這次由我做團長的考察團，由兩個事務委員會組成，其中沒有黃毓民和梁國雄兩個最「激」的議員。負責安排訪問活動的中聯辦官員再三告誡，考察團的主題是經濟和環保，議員不應提出無關的議題。不過我知道，在立法會議員到內地訪問未成為經常化、正常化的活動之前，泛民議員有機會與內地官員接觸，不會不提「平反六四」。

果然，報了名參加考察團的泛民議員都事先張揚，與廣東省官員交流時，他們將「無所不談」，包括「六四」。

必談政治

考察團的交通安排引起了一些矛盾。立法會秘書處準備租用兩部跨境旅遊巴，載着整個考察團和工作人員進行訪問活動；但有部分參加考察團的建制派議員卻另有打算。

不少建制派議員對廣州、深圳等城市早已非常熟悉，到這些地方考察對他們的吸引力不大。同時他們覺得，考察團的主角是泛民議員：傳媒的興趣都會集中在泛民身上，看他們怎樣「做騷」。

在考察團的行程安排確定之後，多名建制派議員表示只想參加其中部分項目，要求遲到或早退。他們各有自己的「兩地牌」汽車，可隨時自行往返，十分方便。

這「自由行」計劃引起了泛民議員不滿。他們當中有6人沒有回鄉證，要憑一次有效的證件，在同一時間集體進出境。他們說，如果其他議員可以遲到早退，而他們卻必須跟隨大隊，就是對他們歧視；除非往返安排一視同仁，否

則他們將退出考察團，以示抗議。

我認為，出於對接待我們的主人家表示尊敬，考察團成員不宜任意離隊。為照顧部分議員身有要務，要遲一天起行，我請秘書處通知內地有關部門，考察團將分成兩批，分兩天出發；但所有團員，去程和回程都要集體乘坐立法會安排的專車，不應離隊自行往返。這安排平息了泛民議員的情緒。

考察活動共4日3夜，頭兩天在深圳參觀了鹽田港、東部華僑城、比亞迪汽車公司、國際物流中心、寶安國際機場、環境園等，效果很不錯，議員們對深圳的發展都讚不絕口。

第三天早上參觀了廣州一個垃圾焚燒發電廠和國際會議中心之後，就是與廣東省副省長萬慶良的座談會了。在路上，我和議員們說好，有什麼「手信」要交給萬慶良，全部可通過秘書處職員交給對方工作人員。我們又商量好議員提問的次序：兩個事務委員會的主席先問，然後建制與泛民議員「梅花間竹」，輪流發問。泛民議員中，在兩位主席之後發問的，第一人是陳偉業。

到了會場，我們按內地習慣先行入座，等候接見的官員。坐了一會，未見萬慶良，卻有工作人員把我請到隔壁的房間。原來他們看到陳偉業帶了兩本有關「六四」的書進

場，擔心他會拿那兩本書到副省長面前鬧事，要和我商量怎樣處理。我跟他們嘀咕了差不多10分鐘，才返回接見大廳。

萬慶良進場，先作了個開場白，說了許多誇讚香港的話；然後，他對考察團報告廣東省的經濟成就、珠三角改革發展規劃、省政府應對金融危機的措施，以及粵港環保合作等等，說了一個多小時。到他說完，已接近座談會原定的結束時間。他同意加時20分鐘，讓議員提問。

一共5名議員提了問，當中4人提出的都是有關經濟發展和環保事務的問題，唯獨陳偉業問的是「平反六四」。萬慶良似乎對這問題早有準備，他稱讚陳偉業「對歷史挺有研究」，但他說，由於陳的提問已超出了時間，又超出了訪問團的交流主旨，他不作回應了，「有機會可私下再談談。」

座談會順利完成，工作人員放下了心頭大石；訪問團輕鬆愉快地進行餘下的參觀活動。

欽選名單

　　訪粵之行4個月後，我又率領一個立法會議員訪問團，到四川考察地震災區的重建工作。2008年汶川大地震之後，立法會曾前往災區視察，並先後兩次批准特區政府撥款共60億元，支援四川災後重建。過了一年，政府第三次要求撥款支援災區，立法會議員提出要考察重建工作的進行情況，政府表示樂意與四川當局聯絡，協助安排。

　　災區考察在2009年9月成行，但訪問團的組成卻惹起了一場風波。

　　故事要從立法會上一次（2008年7月）到災區的視察說起。那次四川省政府邀請20名立法會議員到災區視察，時任立法會主席范徐麗泰與各黨派商討選定訪問團成員的辦法，結果決定按各黨派在立法會擁有議席的比例分配名額，人選由各黨派自行推舉。

　　梁國雄起初表示無意參加，後來改變主意，說很多市民希望他到內地表達意見，追究「豆腐渣工程」責任。已報

了名的馮檢基知道長毛想參加，慷慨讓出名額。這引起了四川省政府和負責聯絡的中聯辦官員的擔憂，但名單已由立法會決定了，他們無計可施。結果，在訪問團乘車前往機場途中，長毛獲通知，他進入內地的一次性通行證不獲簽發，他不能隨團登機。這事令不少人十分不滿。

　　現在再次邀請立法會派團訪問，四川省政府和中聯辦為避免重蹈覆轍，不再讓立法會自行選派代表。邀請信指明了邀請的對象：立法會主席當團長，團員包括發展事務委員會全體委員，以及內務委員會、財務委員會、教育、衛生、民政、福利事務委員會的正、副主席，合共30人，包括12名泛民議員。名單方便地排除了長毛等麻煩人物，而這樣的組成也不是說不通。

　　但泛民議員對這「欽選名單」十分不滿，他們認為訪問團名單應由立法會自行決定。他們寫了一封意見書，通過秘書處發給四川當局，但四川當局並沒有回應他們的訴求。結果，在獲邀的泛民議員中，只有兩人報名參加。不過泛民陣營也沒有把關係搞得太緊張：10名獲邀而不參加的泛民議員，除了陳偉業聲明是杯葛抗議之外，其他人都只說是無暇參加，沒聲稱是集體杯葛。

　　由於獲邀的建制派議員也有數人不能參加，最後訪問團只有14人，不及對方邀請人數的一半。聽說四川政府對多名議員沒接受訪問邀請，感到頗為不悅。

這其實十分可惜：是次訪問雖只有3天，但行程安排十分充實，參加的議員特別是與內地較少接觸的泛民議員，一定會對災區重建以至內地在多個方面的發展，得到十分正面的印象。

　　我完全相信，即使梁國雄等議員帶着「鬧事」的目的參加考察，他們也會受到災區重建體現的精神所感動，不會做出令接待官員難受的事。但我明白內地官員不能放心；有關議員在傳媒的慫恿和催逼下，高調張揚要在內地官員面前「做騷」，更令對方不能接受。四川方面為了不肯接待他們相信會鬧事的議員，要控制訪問團名單，令考察活動效果大打折扣。

　　這事件突顯了兩地的政治文化對溝通交流造成的困難。

觀禮殊榮

從四川返港後數天,我隨香港各界人士國慶觀禮團到北京參加60周年國慶活動。觀禮團由212人組成,行政長官曾蔭權任團長,中聯辦主任彭清華任顧問。

觀禮團9月30日中午抵達北京,晚上連同獲邀的港區全國人大代表及政協委員共超過400人,到人民大會堂出席國宴。10月1日早上參加在天安門廣場舉行的各界慶祝建國60周年大會、觀看閱兵儀式及綵車巡遊;當晚再到天安門廣場參加聯歡晚會和觀看大型煙花表演。2日上午參觀中華人民共和國成立60周年成就展覽,中午乘包機返港。

最主要的活動當然是10月1日上午在天安門廣場的慶祝大會。這是我第二次看國慶閱兵儀式(第一次是25年前,35周年國慶,鄧小平閱兵),也是第一次坐在天安門城樓上觀禮。按國家的禮節,有資格在城樓上閱兵的,包括國家級副職以上的領導人、中共中央委員和候補委員、全國人大常委和全國政協常委、中央軍委委員、軍委總部、軍委

紀委和各大軍區負責人；至於外賓，獲邀到城樓上的都是國家首腦。

香港觀禮團獲邀登上城樓的，包括全國政協副主席董建華、行政長官曾蔭權、中聯辦主任彭清華、終審法院首席法官李國能、政務司司長唐英年、全國人大常委范徐麗泰、行政會議非官守議員召集人梁振英、作為立法會主席的我，以及另外15位港區全國政協常委（其中包括前政務司司長許仕仁）；一共23人，相信多於任何一個省份坐在城樓上的人數，足見國家對香港的重視。

跟在下面觀禮台上的嘉賓比較，在城樓上觀禮不但是一種特殊榮譽，而且享有實際的優越性：在城樓上，如果曬得熬不住，隨時可以退到後面陰涼的角落去休息，喝杯茶，洗個臉，甚至吸幾口香煙。站在下面觀禮台的嘉賓便沒有這自由，不能離開自己的位置。北京前幾天都下雨，國慶日卻晴空萬里，驕陽似火。站在觀禮台暴曬一個上午，那滋味我在35周年國慶時是感受過的，但已記不清楚了；這一次，回到酒店午飯時，見到從觀禮台回來的團員們左邊臉都紅得像喝醉了酒。不過大家似乎毫不介意，興高采烈地暢談觀禮感受。

2004年55周年國慶，香港也有一個200多人的赴京觀禮團，由時任行政長官董建華率領。那次沒有閱兵儀式，觀禮團9月30日下午飛抵北京，直奔人民大會堂，與

澳門團一起獲胡錦濤、吳邦國、溫家寶、賈慶林、曾慶紅等國家領導人接見並合照，然後出席國宴和文藝晚會，當晚深夜趕回香港。

第三屆立法會2004年9月才選舉產生，國慶時議員尚未宣誓就任。我和其他20多人以候任立法會議員的身份參加觀禮團，其中有多名泛民主派，包括單仲偕、余若薇、梁家傑、湯家驊、吳靄儀、馮檢基、郭家麒和李國麟（張超雄也獲邀請，但沒參加）。輿論都認為那是中央政府和香港泛民主派溝通的好開始。

可是，到60周年國慶，獲邀觀禮的泛民議員只有馮檢基和李國麟兩人；中央政府與泛民之間的關係比5年前冷淡了許多。

不相往來

　　我擔任主席一年後，民主黨幾位議員來找我，對我的工作提出批評和建議。他們提出的其中一點意見，是要求我推動內地官員和立法會各黨派議員交流。他們指出，外國官員訪問立法會，通常都會約見各黨派的議員，但內地官員卻只會找立法會主席談話。

　　到立法會訪問的海外和內地人士，除了來香港出席公務活動的官員、來考察的學者，以及到內地訪問途經香港的外國公職人員外，更多是特區政府按「訪客贊助計劃」邀請來港的貴賓。

　　由政府新聞處主辦的訪客贊助計劃，每年邀請數十名至上百名海外和內地「有影響力及有助傳達香港訊息的人士」來港訪問，包括政府官員、議員、學者、智囊團成員以及工商金融界領袖等。他們訪港的行程，許多時會包括考察立法會，以及與立法會議員交談。

　　立法會秘書處收到訪客要和議員會面的請求，便會通

知所有議員，邀請有興趣的議員出席。但內地訪客如果要找議員交談，一般只會來找我這個主席；在我記憶所及，秘書處從未安排過其他議員跟來自內地的訪客會面。不是秘書處不願安排，也不是議員們沒興趣，而是內地訪客沒這個要求。我相信這是因為內地訪客不想與某些泛民議員接觸，而秘書處安排會面，又不能選擇性地只通知建制派議員出席（當然，如果訪客特別想和某位議員會面，可直接與該議員聯絡）。

我同意幾位民主黨議員的意見：訪港內地官員與立法會議員「零接觸」，是很不正常的。從「一國兩制」實踐的需要來看，立法會各黨派議員與內地官員和學者交流，比與其他訪客更有意義。內地人士要了解香港，固然應參考不同黨派議員的觀點；香港的議員也須多聆聽內地人士對香港的看法，以減少誤解，消除隔閡。

我相信，訪港內地官員不願意跟泛民議員公開接觸，並不是因為中央政府下了禁令，而是內地官員對泛民主派存有戒心，害怕跟他們會面時發生什麼麻煩，於是抱着多一事不如少一事的心態，避之則吉。

但我注意到，中央官員認為有必要的時候，還是會和泛民接觸的。爭取政改方案通過就是中央官員要跟泛民議員接觸溝通的一個動機：譬如，修改 2007 年行政長官和 2008 年立法會產生辦法的政改方案，要在 2005 年底由立

法會進行表決。為了爭取方案獲得起碼一部分泛民議員的支持，中央政府在 2005 年內多番向泛民「釋出善意」，創造機會讓泛民議員跟中央官員接觸溝通，包括前文提過的 2005 年 9 月全體立法會議員應邀訪粵的「破冰之旅」。

有一段時間，政府以為泛民議員中至少有數人會支持政改方案，可以湊夠通過方案所需的 40 票。誰知表決結果，25 名泛民議員 1 人棄權，24 人反對，方案被否決；先前釋出的善意證明是白費了。之後中央政府和泛民的關係便冷卻下來，而內地官員對泛民的戒心一直沒有消除。

回歸以來，特區政府和內地政府的官員建立了有效的溝通途徑；但立法會卻始終無法跟內地建立正常的溝通關係。

新樓啟用

泛民與特區政府官員的關係，並未因以「門常開」為設計理念的添馬艦新政府總部啟用而得到改善。

包括政府總部大樓、行政長官辦公大樓和立法會綜合大樓在內的添馬艦發展工程，由曾蔭權一手謀劃和推動，是他的寶貝項目。

添馬艦曾經是駐港英軍的海軍基地，在軍事設施遷往昂船洲後，該片土地便告空置。特區政府最初打算把它拍賣用作發展商業樓宇，但遇上1997年亞洲金融風暴，地價大跌，政府於是把土地收回。至2002年4月，政府首次建議把添馬艦發展為特區的政治中心，解決政府總部及立法會辦公室短缺問題。但其後由於政府財政出現赤字，加上「沙士」疫症爆發，令香港經濟大受打擊，發展計劃被迫擱置。

曾蔭權接任行政長官後，重提添馬艦發展計劃。他在2005年《施政報告》裏説：「在香港整體經濟好轉下，較早時擱置的遷建政府總部和立法會大樓的計劃，如果能盡

快恢復展開，既可解決實際需要，也為建築行業帶來數以
千計的急需職位。」在他大力游説下，立法會財務委員會在
2006年6月通過了工程的撥款。2008年開始動工，施工
過程雖有延誤，基本上仍按預期在2011年8月落成啟用。

我兼任主席的立法會行政管理委員會積極參與了立法
會新綜合大樓的設計，並在施工過程中多次到工地視察。
秘書處做好了計劃，準備在2011年8月至9月立法會休
會期間進行搬遷，10月便在新大樓復會。對於遷進空間
寬敞、設備先進的新大樓，大多數議員當然是期盼的。不
過，跟位於戾臣道的舊大樓比較，新大樓最大的缺點是交
通不便，尤其在啟用初期。有部分議員認為，在交通配套未
完善之前，不應遷往新大樓。

不過，立法會只宜在休會期間搬遷，如果在2011年
9月搬不成，便要延至1年後。這樣，已落成的新大樓便要
空置1年，而要改用作終審法院的舊大樓，又要延遲1年交
給司法機構。況且秘書處指出，舊大樓的許多設施，包括會
議廳裏的電子表決系統，已經十分殘舊，沒法維修；如果
繼續使用，隨時會「當機」，影響議會運作。在衡量利弊之
後，行管會最後決定，還是按原定計劃在2011年搬遷。

在新政府總部落成典禮上，曾蔭權致詞説：「新政府
總部的落成，為政府服務市民的工作揭開新一篇，為特區
政府以至整個社會，帶來新氣象、新幹勁、新動力。」他解

釋整個添馬艦建築群的設計理念:「民永繫」——力求讓市民容易到達,反映政府重視與市民溝通;政府總部與立法會綜合大樓毗鄰,反映行政立法關係密切;「天復藍」——重視環保節能;「地常綠」——大片綠地氈為市民提供休憩地方;「門常開」——表明政府每分每刻以民為本,開明開放。

立法會作為民意機構,當然更應該是「民永繫」、「門常開」:立法會新綜合大樓的設計,是盡量開放,方便市民內進。

怎想到在迎來了社會上的「新氣象、新幹勁、新動力」之後,立法會綜合大樓面對的最大問題,是怎樣防止人們進入大樓破壞,怎樣保障大樓裏的議員和工作人員的安全。於是要不斷加強防衛裝置,不斷提升保安措施。

整個添馬艦建築群的設計理念包括「民永繫」、「天復藍」、「地常綠」和「門常開」。

高不可攀

　　2011年10月的第二個星期三，立法會首次在添馬艦綜合大樓的會議廳舉行會議，由行政長官向立法會作施政報告。

　　會議開始時，我先就新綜合大樓正式啟用作了一段簡短發言。我感謝政府當局、全體議員以及立法會秘書處為新大樓的興建和立法會的搬遷作出的努力。我指出，立法會行政管理委員會跟政府進行商討，力求保持立法會的獨立性和莊嚴形象。我又強調，新大樓的設計有極高的透明度，設有無障礙通道，而且所有會議均有直播，目的是把市民帶入立法會，讓公眾更了解立法會的工作，更有信心地向立法會反映他們的意見，幫助議員更好地代表他們監察政府施政。

　　接着，我請行政長官進入會議廳。正如以前在舊大樓一樣，行政長官曾蔭權從主席座位對面的大門進入，沿中間的通道步向會議廳前方。我的第一個印象：行政長官走這段路的時間很長、很長，比以前長了許多。在這過程

中，黃毓民議員不斷叫囂，我多次喝止，幾乎到了要發出命令驅逐他離場的時候，曾蔭權才來到講台前。

我的第二個印象：新會議廳的天頂真的很高、很高。「長毛」梁國雄把一個氫氣球放到會議廳的上空，工作人員沒法即時把它取下來，因為天頂離地面足有5層樓的高度。

梁國雄當天進入會議廳時，手裏拿着一個脹鼓鼓的「紅白藍袋」，沒有人知道裏面有什麼乾坤。當行政長官走向會議廳前方的時候，梁國雄拉開袋口，原來裏面是個氫氣球，一放出來便直往上升，下面拖着一條寫着「煲呔禍港，官商勾結」的直幅。會議廳裏的人弄清楚是什麼一回事的時候，氣球已升過眾人頭頂，沒有人可以把它拉住了。曾蔭權和我，以及會議廳裏的議員、官員和工作人員，公眾席上的所有人，目送着氣球升到會議廳天頂底下，有的感到氣惱，也有的覺得好笑。

我把梁國雄逐出會議廳——不是因為他放氣球，而是因為他邊放邊大叫口號，勸而不止。我不能肯定放氣球可以成為驅逐他的理由；事實上他在事後公開辯解說，氣球升到樓頂，沒有對其他議員造成妨礙，沒有影響會議進行。

事後我和秘書處商量，以秘書長的名義向全體議員發出通告，因安全理由，禁止把可以上升的氣球帶進會議廳。氣球雖不會爆炸（「氫氣球」裏面的是氦氣而不是易燃的氫

氣），但如果升到天頂，會影響或破壞上面的消防和照明裝
置。

工作人員要開動會議廳內高空維修用的吊船，才可以
把長毛的氣球拿走。為收回有關工作的成本，秘書處向梁
議員追討1000元。

有傳媒在報道立法會第一次在新會議廳開會時說，這
會議廳是「高、大、空」。這3個形容詞頗為貼切：新會議廳
有多「高」，從長毛放的氣球可以看到；它確實比舊會議廳
「大」得多，面積達800平方米，按設計最多可以容納120
名議員，因為預料立法會未來可能要增加議席；而它給人
「空」的感覺，因為當時全體議員只有60名，大廳便顯得十
分疏落。

我也覺得，坐在主席座位上，和議員們的距離比以前
拉遠了。

無理驅逐

　　立法會在新會議廳舉行的第二次會議，是行政長官答問會。那次一共有12名議員發問，其中泛民議員只有4人；大多數泛民議員沒有提問便離場抗議，反對我命令梁國雄議員離開會議廳。

　　我曾多次在會議上命令梁國雄退席，其他泛民議員甚少提出異議。但那一次，我是在梁國雄提出「規程問題」時，不讓他說明、不給他警告便把他逐出會議廳。

　　問題從黃毓民議員的提問開始。黃毓民是答問會上第一個提問的議員，他首先回應了曾蔭權前一天在《施政報告》裏說的「政治倫理」：他說最缺乏政治倫理的正是曾蔭權；他講了一番道理，說明「不賢者而居高位，是播其惡於眾也」。我催促他提出問題，他指曾蔭權「委任了一名民望最低的局長擔任政務司司長，公然與香港人為敵」，要他解釋。

　　黃毓民指的是原政制及內地事務局局長林瑞麟剛獲任

命，接替辭職的唐英年出任政務司司長。唐英年在之前一個月辭去政務司司長職務，宣布考慮參加行政長官選舉；中央政府在9月30日宣布任命林瑞麟為特區政府政務司司長。

林瑞麟自2002年起擔任負責政制事務的局長，許多極具爭議的政治問題都由他處理。他贏得中央政府的信任、建制派的支持，同時亦成為反對派最敵視的高官。當日的答問會應以剛發表的《施政報告》為主題，本不涉及林瑞麟的任命；但《施政報告》裏提了「政治倫理」，於是黃毓民便拿來借題發揮。他愈罵愈起勁，我制止他發言，讓曾蔭權回應，他仍不斷插話。

當黃毓民說到議會裏的粗暴不算粗暴、政府的「行政暴力」才是粗暴的時候，曾蔭權終於按捺不住，他生氣地說：「（你的表現）根本是十足的爛仔所為，不單是粗暴。這裏可不是黑社會，黃先生，你發生了什麼事？」

這時，梁國雄站起來，不住叫「Order（規程問題）！」黃毓民則繼續嚷着要行政長官回答他的提問。

我立即命令黃毓民和梁國雄兩人離開會議廳。在梁國雄的抗議聲中，保安人員「協助」兩人離開。

多名泛民議員提出反對，認為我不應驅逐提出「規程

問題」的梁國雄。我解釋說,我並不是未經警告便驅逐梁國雄的;他躲在他豎起的一塊展示板背後,已經多次高聲呼叫,我警告了兩次他仍沒有聽從,最後我才命令他退席。泛民議員都不滿意我的解釋,多人離場抗議。

其實我是沒有選擇。曾蔭權「黑社會」那句話一出口,我心中便暗叫不妙。黃毓民或者其他議員很可能指出那是對議員「使用冒犯性及侮辱性言詞」,違反《議事規則》,要求我作出裁決。如果我裁定那不是冒犯,就會立下一個壞先例;如果我裁定曾蔭權說的話確有冒犯性,我必須要求他把話收回;倘若他拒絕收回,我可以怎樣做呢?立法會主席可以把行政長官逐出會議廳嗎?

果然,梁國雄要提出「規程問題」了。我唯有在他提出問題之前把他趕走,避免要處理一個涉及行政長官憲制地位的兩難問題。

我慶幸地看到,事發之後,所有評論都集中批評我趕長毛出場的決定,沒有人研究行政長官是否違反了《議事規則》。

新不如故

　　我為要避免處理行政長官是否違反《議事規則》的問題，把提出「規程問題」的梁國雄逐出會議廳，轉移視線。我解釋說，從行政長官進入會議廳開始，至行政長官回答黃毓民議員提問時，梁國雄多次高聲呼叫，我一再喝止無效；所以我命令他退席，不算未經警告。

　　其實我不能肯定一直在呼叫的是梁國雄：我只聽到有人在大叫「林瑞麟可恥」等口號，卻弄不清誰在叫，原因是新會議廳比舊的大了許多，我根本看不清後排議員的動靜。我相信大叫的議員是梁國雄或者陳偉業，但不能肯定是哪一個；所以我只能說「請議員遵守《議事規則》」，沒有點任何人的名。（事後梁陳兩人都否認曾經大叫。）

　　在舊會議廳裏，我可以清楚看到每個議員臉上的表情，有需要時可以跟任何議員交換一個眼神。現在來到新會議廳，和議員們座位的距離遠了，加上電腦控制的節能照明系統不及以前光亮，我連議員的面容也看不清楚。

議員們也投訴新會議廳太大，不習慣。以前他們差不多並肩而坐；要跟前後左右的議員說句話，十分方便；現在可不行了，議員之間距離有一米多，坐在椅子上沒法輕聲交談。

會議廳內氣氛的轉變，只是立法會遷到添馬艦新綜合大樓的其中一個後果。新大樓給議員們的工作和生活方式帶來了重大的變化，有些變化是沒有人預料到的。

一個明顯的變化，是會議廳前廳的使用率大不如前。在舊大樓裏，與會議廳相隔一條走廊的前廳，是議員和官員們最愛聚集的地方；每當有會議進行，前廳便十分熱鬧。舊大樓空間有限，除了立法會主席和內會主席之外，所有議員在大樓裏都沒有自己的辦公室；議員回到立法會大樓，不需要留在會議廳或會議室的時候，都會到前廳休息。出席立法會會議的官員，到了大樓之後，在出席會議前後也喜歡到前廳去。前廳成為官員找議員、議員找官員或者其他議員最方便的地方，不論為談公事抑或只為閒聊。

新大樓設了一個更加寬敞的前廳。時任秘書長吳文華和她的團隊為前廳的設施和布置作了精心的設計，讓議員和官員可以在舒適的環境下三五成群地交談，又可以有個人的空間，獨自休息、閱讀或者使用電腦。誰知這寬敞、雅致、舒適的前廳，啟用後經常空無一人。秘書處想盡辦法吸引議員們使用，包括在下午時間在前廳提供精美特飲和小

吃，但舊大樓前廳的熱鬧境況仍不能在新大樓重見。

　　理由很簡單：每個議員在新大樓裏有自己的一個相當闊落的辦公室，哪裏還需要到前廳去？

　　這帶來一個後果：議員出席會議更容易遲到。以前，議員的辦公室在立法會大樓外，跟大樓有一段距離；每有會議，議員都會提早去到大樓，在前廳等候。前廳有一面大銅鑼，開會前10分鐘，職員敲響銅鑼，議員便魚貫進入會議廳。現在，議員都留在綜合大樓高座的辦公室裏，到會議開始才下來；等候電梯的時間長了，便會遲到。銅鑼仍放在新的前廳裏，不過只是裝飾，失去了原來的效用。

立法會舊大樓前廳。

第四章　難破的冰

曾鈺成與蔡素玉於 2008 年合組名
單參選，最後曾贏得議席，蔡被淘
汰，惟後者認為破解了「魔咒」，表現
寬懷。

2009 年，曾鈺成帶領立法會訪
問團到汶川災區考察，期間與
當地人士切磋乒乓球。

曾鈺成與以色列國會議長言談甚歡。

告別舊立法會當天舉行時光錦囊出土典禮。

曾鈺成在立法會舊大樓與學生交流。

隨着添馬新立法會綜合大樓落成，中環舊立法會變成終審法
院大樓。2011 年一眾議員臨別前來個大合照。

曾鈺成離開舊立法會
主席辦公室。

立法會議員代表前往金鐘新立法會綜
合大樓地盤實地視察。

新立法會大樓準備就緒，曾鈺成在秘書處
職員帶領下到現場檢視設施。

第五章　五區總辭

相煎何急

　　2010年發生了兩件出人意表的大事：其一是公民黨跟從社民連發動「五區總辭」，其二是政改方案獲得通過。

　　作為立法會泛民陣營裏的兩個政黨，公民黨和社民連之間的關係一直不見友好，有時甚至頗為緊張。黃毓民在會議廳「擲蕉」，遭到與公民黨關係密切的陳方安生越洋批評，黃毓民反唇相譏。社民連「掃台」，公民黨開記者會表示遺憾。黃毓民在立法會競選中文大學校董，公民黨議員梁家傑和吳靄儀不投票支持，黃毓民公開表示不滿。2009年6月灣仔鵝頸區區議員補選，社民連成員季詩傑是泛民陣營的唯一候選人；黃毓民要求公民黨和民主黨給予支持，兩黨反應冷淡；黃毓民對傳媒說：「我們不敢『高攀』余若薇，要她去拉票；但陳淑莊（公民黨港島區立法會議員）竟然打退堂鼓（不願出名支持季詩傑），這是民主派的悲哀！」

　　公民黨和社民連之間的梁子是在2008年立法會選舉時結下的。兩黨都是在2006年成立，2008年第一次以政

黨的名義競逐立法會議席。在地區直選的每個選區，兩黨分別都派出了候選人。身為社民連主席的黃毓民在九龍西選區出戰，他在選舉論壇上猛攻同區的公民黨候選人毛孟靜，比攻擊建制派的候選人還要狠。

黃毓民事後解釋說，這是最有效的選舉策略：以他的辯才，他去打誰，誰便要失選票；但是如果他打某個建制派候選人，對方失去的選票只會流向另一個建制派，不會轉投給他。他要贏得議席，就要打泛民陣營中較弱的候選人，搶她的選票。

黃毓民認為這策略不但適用於九龍西，而且同樣適用於所有選區，所以他打的不只是毛孟靜，而是整個公民黨。他譏笑公民黨人是「藍血人」（與基層民眾有距離的貴族）；又批評公民黨「面目模糊」，說要雙普選，但又派人在功能組別參選。他更抓住湯家驊曾經游說李柱銘再參選法律界功能組別的故事，作為公民黨民主立場不穩的罪證，「專攻狂砌」。

選舉結果，黃毓民以九龍西得票第二位勝出，得37553票，遠多於贏得議席所需的票數；毛孟靜只得17239票，以2000多票敗給贏得最後一席的建制派候選人梁美芬（19914票）。公民黨自然有理由埋怨，是黃毓民把議席從毛孟靜手中搶走，送給了梁美芬。

在新界西，打着公民黨旗幟參選的張超雄，在選舉論壇中同樣受到社民連候選人陳偉業的狙擊；張超雄最終也敗選。

在九龍東，公民黨梁家傑成功當選，但得票在4名當選議員中排在最末。黃毓民叫陶君行（社民連九龍東候選人）集中火力打梁家傑，陶君行不聽，就是要打建制派的陳鑑林。黃毓民説：「我罵陶君行，你打陳鑑林有什麼用，他是贏硬的。如果陶君行肯聽我説，打梁家傑，社民連便可贏得九龍東的議席！」

當上議員後，黃毓民在記者面前批評公民黨小器：「碰面也不肯和我打招呼！」又説：「公民黨見到我，就像見到殺父仇人！」我想，這也難怪。

公民黨和社民連兩黨的作風南轅北轍，又在選舉裏結下了深仇大恨；但社民連倡議「五區總辭」，公民黨竟是追隨的唯一政黨！

冤家夥伴

　　全國人大常務委員會在 2007 年底對香港的政制發展作了一項重要決定。對於要爭取「雙普選」的港人，這決定有壞消息也有好消息。壞消息是 2012 年不實行「雙普選」：行政長官不實行普選產生；立法會也不實行全部議員由普選產生，功能團體和分區直選產生議員各佔半數的比例維持不變。至於好消息，是提出了普選時間表：2017 年行政長官可以普選產生；其後立法會全部議員可以由普選產生。

　　對於這決定，建制派自是一致表示歡迎；泛民黨派則反應各異。對於 2012 年不能實行雙普選，他們當然都表示失望；但既然先前 2005 年的政改方案不獲通過，政制發展在 2007 和 2008 年原地踏步，接下來 2012 年不能達致普選，其實是大多數人的意料中事。而對於中央政府突然拿出普選時間表，泛民的一些核心人物私下表示感到喜出望外。

　　爭取 2012 雙普選立場最強硬的是社民連。他們表示

如果特區政府提出的政改方案不包含2012雙普選，他們一定反對，甚至聲明要和任何不爭取2012雙普選的泛民黨派「割席」。民主黨和公民黨也聲稱要爭取2012雙普選，但態度比較審慎：他們認為，如果政改方案可以保證2017年開始有真普選，那麼即使2012年沒有普選，仍應考慮支持方案，以免政制發展再次原地踏步。

按特區政府的計劃，政制發展的公眾諮詢在2009年底開始進行。該年中，社民連提出了「五區總辭，變相公投」的建議：如果特區政府提出的政改方案在2012年不實行雙普選，泛民陣營便在立法會分區直選的5個選區裏各有一名議員辭職，再參加補選，並以2012年雙普選作為單一的競選政綱。於是補選便變成對政改方案的一次全民投票：市民在補選中投票支持泛民候選人，就等於支持2012雙普選。

對於怎樣爭取2012雙普選，其他泛民政黨提不出什麼新鮮的主意；他們想到的不外仍是遊行、集會或者簽名運動之類，自知作用十分有限。相比之下，香港史無前例的「總辭」方案，極具新聞價值，引起了傳媒很大的興趣，成為社會議論的焦點。社民連於是成功主導了泛民有關政改的討論，民主黨和公民黨都被「牽着鼻子走」，不得不對「總辭」作出回應。

民主黨的反應相當正面，認為總辭方案可以研究。

該黨元老司徒華更公開表示贊成方案,並提出了一條包括泛民各黨派議員在內的五區總辭名單。公民黨則有較大保留,黨魁余若薇直指五區總辭是「過激」,市民不會支持;她又指出2007年港島區的補選(陳方安生對葉劉淑儀)其實已是一場變相公投,支持雙普選的陳方安生勝出,但選舉結果並不能改變政府對政改的取態。

岂料兩個月後,兩黨都改變了立場:民主黨決定不參加總辭,公民黨卻成為社民連搞總辭的唯一夥伴。

我想起較早時偶然見到黃毓民和余若薇在中環一間酒店的咖啡廳共進早餐,二人談得十分專注。我當時有點詫異:公民黨不是把社民連看作「殺父仇人」嗎?

原來黃毓民有這能耐,可以使敵人變成盟友;雖然大部分時間他會使盟友變成敵人。

總辭爭議

　　社民連最初提出「五區總辭」，許多人都認為是嘩眾取寵，沒把它當真；到 2009 年 9 月，人們開始覺得「五區總辭」有可能真的發生。

　　公民黨在 9 月上旬舉行集思會，會後發表「普選宣言」，明確支持「五區總辭」，改變了黨魁余若薇先前表示的保留態度；該黨並提出更激進的建議：

　　五區補選後，如果政府在一年內不提出並落實普選路線圖，全體泛民議員將於 2011 年 7 月 1 日總辭抗議，同時要求行政長官曾蔭權因違反競選承諾引咎辭職。

　　社民連的 3 名立法會議員分別屬於九龍西、新界西和新界東 3 個選區，他們早已表明願意辭職；在餘下的兩個選區香港島和九龍東，公民黨都有議席。所以，有公民黨參與，總辭便可成事。

　　不過，兩黨仍希望爭取民主黨參加。社民連發表「五

區總辭全民公決政治說帖」，提出「五區總辭」的人選，應按泛民各黨派在立法會所佔直選議席比例派出，即民主黨派出2人、公民黨1人、社民連1人，最後1人從各獨立議員協商產生；如果有部分泛民黨派不願參與，社民連3名議員願意全部辭職。

立法會議員辭職，要付出的經濟代價非同小可。議員一辭職，便立即要失去議員收入和開支津貼；議員助理要離職，議員辦事處要關閉。如果參加補選，又要投入一筆選舉經費。即使通過補選贏回議席，任滿酬金也要扣去了一截，經濟損失加起來不下數百萬。萬一補選輸了，損失就更大。

這也許可以解釋為什麼公民黨對參加總辭比其他泛民黨派顧慮較少。公民黨的主要成員被視為泛民中的貴族，他們個人的社會地位和經濟條件都比較優越，少拿幾個月立法會的資源，甚至放棄了議席，對他們來說算不了什麼，不像來自基層的議員那樣要面對經濟困難。

包括民主黨在內的其他泛民黨派，不能不認真考慮辭職要付出的代價是否值得。最重要的問題是總辭對爭取普選到底有多大作用？把辭職誘發的補選叫做「變相公投」，政府和建制派當然不會承認，一般市民又會怎樣看？在補選中投票給泛民候選人的市民，有多少是有意識地投票支持普選？投票結果會影響政改方案嗎？

民主黨內部對總辭的意見分歧。先前提出過總辭名單的司徒華，後來卻反對總辭；另一名元老李柱銘則力撐。二老的分歧更公開化，司徒華批評李柱銘支持總辭是「沒有認真為民主黨着想」。有部分少壯派要求民主黨支持總辭，主流派則堅決反對；這後來導致民主黨的分裂。

　　2009年11月18日，政府發表《2012年行政長官及立法會產生辦法諮詢文件》，當中沒有提及2017年普選行政長官的辦法。翌日，社民連及公民黨宣布合作發動「五區總辭」。黃毓民強調仍希望民主黨參與，並等待下月中民主黨特別大會作出決定後才落實總辭名單。

　　12月13日，民主黨特別大會以壓倒性票數否決參與總辭；「五區總辭」行動總發言人余若薇對此表示理解。總辭名單隨即決定為社民連3人加上公民黨的梁家傑和陳淑莊，5人將在2010年1月中辭職。

離場抗議

2010年1月12日，公民黨和社民連共同公布「五區公投運動」計劃，目的是「要為市民製造一人一票對政府提出的政改方案表態的機會」。兩黨共有5名議員定於1月27日的立法會會議上宣布辭職。

兩黨給「公投」訂立了成敗標準：如果補選的投票率達到五成或以上，且兩黨的5名候選人所得的總票數高於建制派在各區的最強候選人得票總和，「公投」便算成功，兩黨即在立法會反對政改方案。如果投票率達五成，但兩黨總得票低於對手，便會承認失敗，「不排除」要支持政府的政改方案。如果投票率不足五成，「公投」便告無效，兩黨將另行考慮是否支持政改方案。

這「遊戲規則」遭到泛民陣營中反對者的質疑和批評。司徒華直斥「公投」計劃「邏輯混亂」；民協馮檢基也認為計劃「很矛盾、混亂和不清晰」；街工的梁耀忠則質疑勝負準則太複雜，指「公投」不會達到預期的政治效果。

公民黨裏一向反對「五區總辭」的湯家驊繼續唱反調，説要「豪賭」便應以自己的政治前途作賭注，輸了公投就應退出政壇，不應支持一個違反自己政治理念的政改方案。

對於泛民盟友的質疑，黃毓民回應説，兩黨進行的只是「變相公投」，不應用正常公投的準則來衡量。余若薇則表示，即使他們在自己制訂的準則下輸了，亦不一定會跟隨結果投票支持政府的政改方案。

1月26日，公民黨和社民連5名議員在近百記者圍觀下，在立法會大樓門外簽署辭職信，然後向秘書長吳文華遞交。辭職信説明3天後才生效；5名辭職議員要在27日的立法會會議上宣讀「辭職宣言」。

5人的「辭職宣言」是作為「個人解釋」提出的。立法會《議事規則》有容許議員在立法會會議上作「個人解釋」的規定，但議員須預先向立法會主席提交擬作解釋的文本，確保該解釋「不會引發辯論，以及內容恰當」，才可獲主席批准；議員宣讀解釋時，不得偏離獲批准的內容。

即是説，他們「辭職宣言」的內容事先要交給我審查。這當然是十分特殊的規定：議員在會議上一般發言的自由受法律保障，不可能把發言稿交主席審查。但「個人解釋」是不容辯論的；文本事先交主席審閱，是為了確保其中沒

有包含可能引起辯論的內容，以免對其他議員不公平。

　　5名議員中有4人都遵照《議事規則》把宣言稿交來給我審閱，並按我的要求刪去了其中對政府或其他議員有貶損意思的字句。只有梁國雄一人拒絕讓發言稿被審查，寧可放棄宣讀宣言。

　　在1月27日的會議上，黃毓民第一個宣讀辭職宣言。他剛要開始，民建聯主席譚耀宗舉手發言說：「對於有5位議員以辭職來進行『公投』、『起義』，利用立法會會議作宣傳，我們感到非常不滿。我們現在離場抗議。」多名建制派議員隨即離開會議廳。

　　接著，留下來的民建聯議員陳鑑林指出會議廳內不足法定人數。我宣布暫停會議，響鐘傳召議員。15分鐘後，仍沒議員回來，我按《議事規則》宣布休會。5名辭職議員於是不能在立法會會議上發表他們的辭職宣言。

全體議員

公社兩黨的 5 名議員辭職後，產生了一個有關《議事規則》解釋的問題，我要馬上作出裁決。

《議事規則》第 17(1) 條規定，立法會會議法定人數為不少於全體議員的二分之一；這裏説的「全體議員」，是指法律規定的立法會應有的全體議員，即 60 人，還是指某個時間在任的全體議員，即在 5 名議員辭職後至補選產生的議員就任前是 55 人？

《議事規則》第 17(1) 條是根據《基本法》第 75 條訂立的。除了第 75 條之外，《基本法》還有多項其他條文提及立法會「全體議員」。在徵詢立法會法律顧問的意見後，我同意我要處理的是決定有議席懸空時立法會會議的法定人數應是多少，但不宜對《基本法》條文裏「全體議員」的含義作解釋。

在 5 人辭職後的第一次立法會會議，我宣布我裁定立法會會議法定人數為 30，但不對「全體議員」作解釋；我

指出，如果我解釋「全體議員」的意義，這解釋被用於《基本法》的其他條文時，可能產生不能預見的影響。

　　反正不論「全體議員」應當理解為60或少於60，30肯定是「不少於全體議員的二分之一」，因而不會與《基本法》第75條的規定相牴觸。

　　我知道這立論其實是經不起嚴格的邏輯考驗的：未有釐清「全體議員」的定義之前，不可能決定「不少於全體議員的二分之一」是什麼意思。然而，沒有人反對我的裁決，因為那是政治上最可接受的處理辦法；邏輯對政治有時並不重要。

　　事實上，「全體議員」的解釋可能產生重要的政治後果。政府正準備提出政改方案交立法會通過；按《基本法》附件一和附件二的規定，政改方案須得到立法會全體議員三分之二支持，方可通過。假如方案在立法會表決時依然有5個議席懸空，那麼怎樣計算「全體議員」人數，便可能成為方案能否通過的關鍵。

　　如果以60為「全體議員」人數，三分之二就是40人；該屆立法會的建制派議員，連我在內有37人，即除非獲得部分非建制派議員支持，政改方案不可能通過。可是，如果以55為基數，37便剛剛超過三分之二；即是說只要我也投票，單靠建制派便可保證方案通過了。有一陣子，這似乎

是一個我要考慮的現實問題：我要準備辭去立法會主席的
職位，以投下關鍵一票。

　　不過，這問題很快便消失了。政府在４月中公布政改
方案時，特別釐清了「全體議員」的定義。律政司司長黃仁
龍聲明，政府經仔細研究後，確定「全體議員」的解釋為全
部認可議員，即60人，不受任何出缺的影響。

　　政務司司長唐英年作補充解釋，提出了很有說服力
的理據：《基本法》第67條容許非中國籍或在外國有居留
權的香港永久性居民可當選為立法會議員，但規定「其所
佔比例不得超過立法會全體議員的百分之二十」；如果全
體議員的計算基數要減去懸空的議席，則每當議席出現空
缺，上述的比例便可能變更，違反了第67條的規定。這並
不合理，故「全體議員」應解釋為全體認可議員。

　　即是說，不論議席有否出缺，政改方案最少要有40名
議員支持方可通過。

慘淡收場

　　建制派一看到「五區總辭」在公社兩黨合作下很可能成事，便馬上準備參加補選奪取議席，其中最積極的是自由黨。

　　2008年的立法會選舉，自由黨在分區直選全軍盡墨：分別在新界東、新界西、九龍西和香港島出選的田北俊、周梁淑怡、田北辰（當時加入了自由黨）和林翠蓮都宣告敗北。

　　看到有機會補選，田氏兄弟都摩拳擦掌，希望為自由黨贏回至少兩個直選議席。民建聯也躍躍欲試，作為主攻分區直選的政黨，沒理由不投入選戰，即使贏不到議席，亦不應放過練兵的機會。有傳媒問我的看法，我也表示，我個人認為民建聯應積極參選。

　　特區政府官員也鼓勵建制派參加補選；建制派只要贏得5席中的3席，便可佔有全部議席的三分之二，保證政改方案獲得通過！

但也有一些人認為，建制派在補選裏贏得議席的機會不大；派人參選，只會中了公社兩黨的圈套，成就了他們的「公投」，所以建制派應該杯葛這次補選。這種意見，起初並沒有成為主流，但到了2010年1月，便發生了變化。

1月中，在公社兩黨公布「五區公投運動」計劃之後，國務院港澳辦發言人就「香港個別社會組織針對香港未來政制發展問題發動『五區公投運動』一事」，發表措詞強硬的談話，指出「在香港特別行政區以任何形式對未來政制發展問題進行所謂『公投』，與香港特別行政區的法律地位不符，是從根本上違背香港特別行政區《基本法》和全國人大常委會有關決定的」。發言人又說：「我們注意到，香港特別行政區許多社會人士已對『五區公投運動』表示強烈反對。」

港澳辦的談話發表後，反對「公投」、杯葛補選成為建制派多數人的共識。在5名議員正式辭職前一個星期，公社兩黨就補選舉行記者會，突然為「五區公投運動」提出了「全民起義」這挑釁性口號。

這立即遭到其他泛民議員的非議；建制派更是猛烈抨擊，甚至斥為「港獨」口號；「杯葛」的呼聲便更加強烈。其後的兩星期裏，自由黨、民建聯和工聯會先後宣布決定不參加補選。

除了建制派全面杯葛，泛民的其他黨派也冷淡對待。民主黨拒絕以黨的名義支持任何候選人，只准黨員以個人名義助選；民協和街工都表示不會為公社兩黨站台。

接着，公社兩黨以外的 14 名泛民議員聯同多個民間團體，宣布成立「終極普選聯盟」，表明他們爭取普選的策略與公社兩黨不同，對「五區公投」既不支持也不反對。

補選提名期結束，獲有效提名的候選人共 24 名，包括 5 名辭職的議員；候選人當中沒有一人是代表建制派陣營參選的。

由於建制派杯葛、其他泛民不積極，加上辭職議員之外的其他候選人知名度不高，傳媒報道選舉消息興趣不大，社會上的選舉氣氛異常冷淡。

選舉結果，5 名辭職議員全部當選返回立法會。但一共只有 50 多萬選民在補選中投了票，投票率只得 17.1%，遠低於歷次選舉的最低水平，也遠低於「五區公投運動」先前定下的目標。

所有評論都認為「公投」徹底失敗了，儘管公社兩黨不肯直接承認。

公投是非

　　公社兩黨通過辭職發動的「五區公投運動」，引起了若干有關憲制和法律的爭論。

　　在港澳辦發言人發表談話，批評在香港對政制發展問題進行所謂「公投」違背《基本法》和全國人大常委會有關決定之後，泛民議員在立法會會議上提出質詢，要求特區政府澄清「民間公投活動」違反了《基本法》哪些條文和哪些香港法律。

　　政制及內地事務局局長林瑞麟回答議員提問時指出，《基本法》沒有規定「公投」制度；香港特別行政區是中華人民共和國的一個地方行政區域，無權自行決定或改變自己的政治制度或創制「公投」制度。這說法自是無可爭辯；泛民議員提出的質疑是：《基本法》沒有禁止議員辭職後參加補選，讓選民以投票支持候選人的方式表達對政改的意見；把這看作「民間公投」，有何不可？當中反映的民意，政府推行政改時又應否重視？

問題在於公社兩黨的宣傳口號其實轉換了概念。兩黨開始時說的是「五區總辭，變相公投」，是明知香港沒有正式的、法定的「公投」（「公民投票」或「全民公決」），他們只是通過辭職引發一次全港選民都可以投票的補選，並把選舉結果當做選民對候選人政改主張的投票，所以叫「變相公投」。當有人指出兩黨自定的「公投」成敗標準不符合一般公投的要求時，黃毓民解釋說，他們搞的是「變相公投」，毋須採用真正公投的標準。

　　兩黨從沒有聲稱「變相公投」具有任何法律效力；他們只承諾會根據補選的投票結果決定兩黨議員在立法會裏對政改方案的投票取向。這做法不算違反《基本法》或任何本地法律。

　　可是，公社兩黨後來卻改變了說法，把他們發動的計劃定名為「五區公投運動」，不再提「變相」二字，彷彿要搞真正的「公投」，那就觸動了中央官員的神經，所以才有港澳辦發言人的談話。特區政府強調，當局會為填補議席空缺依法進行補選，但香港的政制發展只會按《基本法》辦事，不會受補選的結果影響。

　　另一個引起爭議的問題是：辭職議員應否被禁止參加為填補議席空缺進行的補選？建制派議員對於有議員為製造補選而辭職表示強烈不滿，認為這做法毫無意義，浪費公帑。5個選區同時進行補選，等於一次全港性地區直

選，涉及的財政開支達 1.59 億元。有建制派議員聲言要反對批出這筆撥款，但政府已把補選開支列入了 2010-2011 年度財政預算。政府解釋，立法會有議席出缺，當局必須依法安排補選，並支付所涉及的經費。

　　補選阻不了，那能不能禁止辭職的議員參加補選呢？也不能。《立法會條例》第 16 條規定，「任何人如不再是議員，他在符合第 39 條的規定下，有資格再當選為議員。」第 39 條列出什麼情況會導致喪失獲提名為候選人或當選為議員的資格，當中並不包括自行辭去議席。於是建制派議員要修改《立法會條例》，防止議員辭職後參加補選的事再發生；泛民議員則強烈反對，認為辭職議員參加補選的權利不容剝奪。這爭議的發展，導致立法會兩年後上演了歷史上第一次「拉布戰」。

參觀世博

從 2010 年 1 月下旬 5 名議員辭職，到 5 月中他們通過補選取回議席，立法會少了 5 個議員，工作基本上沒有受影響；少了社民連，有些事做起來倒是比較順利。例如到內地訪問。

2010 年 5 月 8 日至 10 日，在補選投票日一星期前，立法會議員參觀了上海世界博覽會。

上海在 2002 年底獲國際展覽局選定為 2010 年世界博覽會的主辦城市。2007 年 8 月，香港特別行政區獲邀參加上海世博，可在中國館區內預留的土地上自建香港館。2008 年 6 月，立法會財務委員會批准了 1.454 億元撥款，作設計和興建香港館之用。7 月，財委會再批准撥款 2.1 億元，以應付香港參與世博的開支，包括運作香港館、設計和落實「城市最佳實踐區」展覽，以及舉辦相關的活動和項目的費用。

上海世博定於 2010 年 5 月到 10 月舉行。2009 年

初，當我和中聯辦商討該年中立法會議員訪粵安排的時候，也提出了翌年訪問上海世博的建議，中聯辦主任彭清華表示十分支持。2010年3月，立法會工商事務委員會和內務委員會分別討論了到上海世博進行職務訪問的建議，議員們反應積極。有議員並建議訪問團順道乘搭內地高速鐵路，以體驗高鐵的運作情況。高鐵是當時社會上熱烈討論的議題：財務委員會剛於月前經過冗長而激烈的辯論，通過了興建廣深港高鐵香港段的撥款申請。

彭清華主任親自與上海市政府和國家鐵道部聯絡，協助安排立法會訪問上海的行程。2010年3月底，我收到彭清華主任的回覆：上海市政府邀請全體立法會議員5月8日至10日到上海訪問，參觀世博。同時，國家鐵道部可安排訪問團從廣州乘搭高鐵到武漢，並有專家在途中介紹高鐵技術發展趨勢和國家高鐵建設情況；訪問團可從武漢轉乘飛機前往上海。

上海世博5月1日開幕；5月8日是開幕後的第一個周末。利用周末進行訪問參觀，對立法會的工作影響最小，所以行程安排在5月8日至10日，是十分理想的。但這日期難免引起政治聯想：除了立法會補選要在一星期後舉行外，政府剛於4月中發表了政改方案，要爭取立法會全體議員三分之二多數通過。在這個時候全體立法會議員獲邀到上海訪問，自然會令人覺得中央和特區政府有意營造良好的政治氣氛；有人認為目的是要降低市民在補選中的投

上海世博立法會訪問團全體成員在中國館門前留影。

票意欲，又有人認為是要爭取泛民議員支持政府提出的政
改方案。

　　有泛民議員認為，到上海訪問應等到補選後才進行。
但其實大家都明白，上海市政府和中聯辦這次樂意邀請立
法會全體議員去訪問，正是因為有可能鬧事的議員離開了
立法會，消除了他們的顧慮。如果等到那些議員通過補選
返回議會，事情便沒那麼順利了。

　　訪問團如期出發，56名議員中有42人參加，包括8
名泛民議員。民主黨的9名議員有5人參加了；公民黨的議
員都沒有參加，其中支持「公投」的余若薇和吳靄儀表示要
留港助選，湯家驊曾表示會爭取參與，但最終沒有成行。

第 六 章　政改風雨

重啟政改

　　特區政府在2009年底啟動了回歸以來第二次政改嘗試。2005年的第一次政改，泛民陣營反對。政府為要取得立法會全體議員三分之二的支持，要從泛民陣營中「撬」得6票。政府選定了6名最有可能被游說的泛民議員，集中力量爭取他們頂住泛民陣營的壓力，投下贊成票。但只要有一個人不肯支持，其他5人的贊成票便完全沒用；泛民陣營只要拉住6人當中的1人不跑到政府那邊去，政府便要失敗。這正是那次政改的結果：6人中有1人最終堅持反對，政改功敗垂成。

　　汲取了上次失敗的教訓，政府在新一輪政改決定改變策略，不再在泛民的「散兵游勇」身上打主意，而是爭取整個政黨的支持。民主黨是泛民第一大黨，在立法會裏擁有9票；該黨對爭取普選取態溫和，不支持「公投」，主張溝通對話，而且與行政長官曾蔭權的關係一直十分友好。因此政府便鎖定了民主黨為爭取對象。

　　政府2009年11月18日發表《2012年行政長官及立

法會產生辦法諮詢文件》，透露了當局將會建議的政改方案。其中的主要內容是：一、行政長官選舉委員會人數由800人增加至1200人，第四界別（立法會議員、區議員、人大及政協）的新增議席大部分分配給區議員，由民選區議員互選產生；以及二、立法會議席由60席增加至70席，分區直選和功能界別各佔35席；新增的5個功能界別議席及原有的1個區議會議席，由民選區議員互選產生。

這方案規定只有民選區議員才享有互選產生選委會委員和立法會議員的權利，委任區議員不能參選；這總算增加了行政長官和立法會產生辦法的民主成分。但除了這一點，這方案跟2005年泛民反對的那個方案幾乎沒有分別，所以泛民議員說它是「翻叮」2005年的方案。

最令泛民不滿意的，是諮詢文件不提「普選路線圖」：人大常委會先前已決定了香港在2017年可以普選行政長官，之後可以普選立法會的全部議席，但特區政府沒有提出「終極」普選方案，包括普選行政長官的提名門檻，以及立法會全面普選時會否取消所有功能組別議席。

社民連和公民黨隨即策劃「五區總辭，變相公投」，爭取2012年雙普選；而民主黨、民協、職工盟、社總等不支持「公投」的「溫和民主派」，便成立「終極普選聯盟」（「普選聯」），提出政改方案要有普選路線圖，包括立法會最遲在2020年要取消所有功能組別議席。

2010年4月14日，政府公布了正式建議的政改方案，基本上就是諮詢文件裏披露的一套。為回應泛民對普選路線圖的要求，全國人大常委會副秘書長、香港《基本法》委員會主任喬曉陽於同日下午在北京發表談話，強調全國人大常委會訂出普選時間表的決定是十分嚴肅的、是深思熟慮的，有毋庸置疑的權威性和法律效力。可是，喬曉陽堅持普選時間表只能說「可以」普選，不能說「必定」普選；他也沒有表示立法會功能組別議席將會取消。

　　包括民主黨在內的普選聯對政改方案表示失望，司徒華更聲言民主黨一定要反對方案。

陷入僵局

　　在政改方案爭議期間，民主黨一名核心成員對我說，自2009年底政改諮詢開始以來，民主黨一直有通過「中間人」與中央政府溝通。協助他們溝通的已經有4條「線」（指來自4個不同方面的中間人），但他仍希望我也可以把他們的意見向北京反映。

　　他提出3項要求，強調是民主黨支持政改方案的條件：第一、中央政府要與泛民建立恒常的溝通機制，磋商今後的政制發展；第二、當局要清楚說明立法會達致普選時要取消所有功能組別議席；第三、政府提出的方案要改良：立法會裏區議會功能組別的6個議席，包括原來的1個和新增的5個，改為由民選區議員提名、全體在傳統功能組別裏沒有投票權的選民一人一票選舉產生，達到「一人兩票」的效果。

　　我從可靠的途徑取得中央政府的回應，向這位民主黨人轉達：第一點沒問題；對於第二點，中央官員不可能把取消功能組別的問題說死，但可以作一些籠統的表述。第

三點卻不能同意；特區政府提出的已是「終極方案」，沒有修改的空間。民主黨的朋友聽了，搖着頭説：「第一和第二點都是『虛』的；第三點才是『實』的。政府不接納我們提出的改良建議，我們不可能支持方案。」

他又對我説：「我知道民建聯以為，如果政府接納了民主黨的建議，然後政改獲得通過，民主黨便成為『大贏家』。事實並不是這樣：民主黨提出這些建議，在黨內外都要承受很大的壓力；我們最終給政改方案投下贊成票，要冒着分裂的危險。」

5月24日，民主黨和中央政府的溝通出現了歷史性的發展：主席何俊仁、副主席劉慧卿與核心成員張文光，第一次走進中聯辦大樓，與中聯辦副主任李剛談了兩個多小時。民主黨提出他們的三項條件，李剛的回應跟我先前對中央政府立場的理解大致相同，其中特別指出民主黨建議的「改良區議會方案」，等於把區議會功能組別議席變為直選議席，違反了人大常委會關於2012年立法會直選和功能組別議席比例不變的決定。

這會面並沒有令雙方的分歧收窄。得不到民主黨的支持，政改似乎要重蹈2005年的覆轍。

6月7日，政府正式向立法會提交2012年行政長官及立法會產生辦法的兩項決議案，並預告政制及內地事務局

局長將於 6 月 23 日的立法會會議上動議該兩項決議案,交立法會審議表決。決議案的內容跟政府先前發表的方案完全一樣,沒有作任何修改。

同日,喬曉陽又在北京對香港傳媒發表談話。他不點名評論了民主黨提出的修改方案。喬說:「有團體建議區議會功能界別的 6 個議席由區議會民選議員提名,交全港沒有功能界別選舉權的選民選出。我從香港報紙上看到,對這個建議香港社會存在有明顯不同的看法。不少團體和人士認為這是變相直選,質疑這一做法有違《基本法》和全國人大常委會的決定。」

有些人注意到,喬曉陽只是說「不少團體和人士」質疑民主黨方案違反《基本法》,並沒有說這是中央政府的定論;這或許暗示,事情還有轉機。

山窮水盡

　　喬曉陽說香港有人質疑民主黨方案違反《基本法》。前律政司司長、基本法委員會副主任梁愛詩是提出質疑的人士之一。

　　民主黨向中聯辦副主任李剛提出支持政改的三項條件之後，梁愛詩在一次公開講話裏表示，民主黨提出2012年區議會功能界別6個議席由一人一票選舉產生，是把功能界別議席變成直選議席，改變了功能界別與直選議席的比例，違反了人大常委會決定，中央政府不會接受。

　　她又反對把廢除功能界別作為討論政改方案的先決條件，指出香港社會對有關問題未有充分研究，倘馬上開展辯論，就難以集中討論2012年兩個選舉辦法的修訂，只會令香港政制無法向前走。對於政改方案能否獲得立法會三分之二議員的支持，梁愛詩表示並不樂觀。

　　從2010年6月7日政府向立法會提交政改決議案，到6月23日立法會就決議案進行辯論表決，當中的兩個星期

裏，事情的發展充滿了戲劇性。

政府提交決議案當天下午，民主黨召開記者會，表明如果政府不修訂方案，該黨一定反對；但該黨會繼續與中央政府溝通，「爭取到最後一分鐘」。連同民主黨在內的23名泛民議員，聯署了一份綑綁聲明，要求政府把政改方案修改後重新提交，否則他們將聯手否決方案。

翌日傍晚，行政長官曾蔭權親自到民建聯總部，與民建聯中央委員會討論政改。他激動地強調，政府提出的是個好方案，並斬釘截鐵地說，方案「沒彎轉」。他承認，方案起碼還欠4名議員支持，獲得立法會通過的機會不大，但他會「全力拚一拚」；他和他的團隊會繼續努力「落區」做宣傳，包括「洗樓」。

6月9日，多名建制派議員表示，民主黨提出的「一人兩票」方案不能在2012年實行，但如果民主黨願意支持政府方案讓它獲得通過，2016年可考慮採用民主黨的方案。

民主黨拒絕接受這建議。同日，港區全國人大代表、行政會議成員鄭耀棠接受電視訪問時表示，普選聯和民主黨提出的方案是「變相普選」，不可能獲得中央接受；他對政改方案獲得通過「一直不樂觀」。由他發起和擔任召集人的「政制向前走大聯盟」，定於6月19日舉行大規模集會遊行，支持政府的方案。

6月12日，民建聯在深圳舉行一年一度的「路向營」，中聯辦主任彭清華應邀擔任主講嘉賓。他講的主要是國家和香港的發展形勢，對政改談的不多，只是對喬曉陽日前的發言內容作了一些解釋。

在場者大多數認為彭清華的態度顯示了中央政府無意對政改方案作任何讓步。不過我心裏有點狐疑：政改方案即將拿到立法會去表決，人們都在猜測，中央政府會否接納民主黨的建議，以爭取方案獲得通過。彭清華在這時刻對民建聯的核心人員講話，為什麼沒有明確宣示中央政府的立場，呼籲民建聯支持？

時任國家副主席、主管港澳事務的習近平6月14日至24日到孟加拉、老撾、紐西蘭和澳洲4國訪問。建制派裏有消息流傳說，習近平出國前留下了指示：香港的政改不能讓步。

柳暗花明

「政制向前走大聯盟」主辦的「為普選、撐政改」集會遊行，2010年6月19日下午如期舉行。首先在維園舉行集會；在烈日之下，參加者站滿了6個足球場。大聯盟宣布，參加人數超過12萬。

行政長官曾蔭權出席集會並在台上發言。他說，政改是他參與公共服務40多年來最重要、最有意義的工作，他要盡己所能，在餘下任期內，幫助港人邁向普選；要達到這個目標，一定要通過2012年方案。

多位建制派領袖人物輪流在台上發言。大聯盟召集人鄭耀棠說：「香港必須撐政改，為普選。政改方案通過了，民主就大步向前；否決了，香港就要再次承受2005年政改被否決的痛苦。」

民建聯主席譚耀宗說：「任何政改方案，如果符合3大原則，即符合人大常委會的決定、有利於政制向前發展和符合香港整體利益，我們都會考慮。」

自由黨主席劉健儀説：「政改已到了關鍵時刻，社會各階層都要抱有最大誠意，務實、互諒互讓，令香港政制可以向前走，不要令政制發展卡車停下來，讓引擎空轉。」

　　經濟動力召集人林健鋒説：「我們不想看到政改再原地踏步，要向前進。民主是每個人都渴望的，大家都希望普選盡快來臨；必須一步一步去做，按部就班，循序漸進，發展政制。」

　　集會場面熱氣騰騰，台上發言卻異常冷靜。這次公眾活動，本來是要撐政府的政改方案的。可是，台上發言的人，沒有一個説只支持政府的原方案；沒有一個説不支持民主黨的修訂方案。

　　時任行政會議召集人梁振英也到台上發言。他的話道出了玄機：「早前有些時間有陰霾，還有些局部地區性驟雨，但相信在所有在場的朋友和全港市民的支持下，在特區政府的領導下，特首和立法會的選舉方式能夠盡快排除不明朗因素。我們不要原地踏步，我們要邁向明朗的政治體制。」

　　原來，在過去兩天，事情已發生了戲劇性的變化。中聯辦的主要官員分別約見了建制派的領頭人物，告知他們中央政府接受了民主黨方案！這突如其來的、完全出乎意料的訊息，令建制派來不及思考；但通知來自中聯辦最高

層,自然是千真萬確。

6月17日下午,梁愛詩公開發表談話,修改她先前的說法,澄清民主黨方案並沒有違反人大常委會的決定。她說,她先前以為民主黨方案是一人一票選出區議會功能界別議席,即是把功能界別選舉變成直選;後來弄清楚了,知道在其他功能界別有投票權的選民不能在區議會功能界別投票,即區議會功能界別議席並非由所有選民選舉產生,這就沒有違反人大常委會的決定。

在大聯盟舉行集會遊行當天的上午,曾蔭權在禮賓府分別會見了民建聯、工聯會和自由黨等多個建制派政黨的立法會議員,諮詢他們對民主黨方案的意見。曾蔭權表示,民主黨方案「民主成分高」,政府正研究它是否符合人大常委會的決定;他又說,如果接納民主黨方案,政府毋須修改已提交立法會的決議案,只須在稍後的本地立法處理。

建制派各黨派都表示願意重新考慮民主黨方案。

忍辱負重

　　為了換取中央和特區政府接受「區議會改良方案」，民主黨作了重大讓步。政府最後同意的方案，立法會原有的一個區議會功能界別議席，維持由（民選）區議員互選產生；新增的5席才由區議員提名、由所有在其他功能界別沒有投票權的選民選舉產生。

　　更重要的是民主黨要放棄他們提出的三項條件中的其餘兩項，包括要求政府承諾立法會全面普選時須取消所有功能組別議席。民主黨沒有堅持把這項要求作為支持政改的必要條件，被社民連和其他激進泛民指為放棄爭取真普選，對民主黨猛烈抨擊。

　　在有消息傳出說中央政府接納了民主黨的方案後，主席何俊仁出席每個公開場合，都受到激進泛民的狙擊，向他喝倒采，罵民主黨「無恥」、「出賣港人」、「背叛民主」。例如6月20日下午普選聯在遮打花園舉行集會，何俊仁等民主黨人出席，社民連和其他激進團體前往「踩場」，衝到台前，對集會人士破口大罵。

社民連發表聲明，反對民主黨方案，又指摘民主黨已忘記了爭取普選路線圖。黃毓民對傳媒表示，立法會一旦通過政改方案，社民連必與民主黨決裂，並退出泛民行列，包括退出泛民每周五的「飯盒會」，以及在2011年區議會選舉中不參與協調。

反對意見也來自民主黨內部。民主黨中委會討論政改時，創黨主席李柱銘、立法會議員鄭家富和另一名黨員林子健發表聯署信，反對區議會方案。民主黨會員大會通過支持政府的改良方案後，李柱銘、鄭家富和涂謹申都說要考慮退黨。

6月21日星期一，即在政改決議案要在立法會表決前兩天，行政會議在上午召開了特別會議，會後行政長官曾蔭權在政務司司長、律政司司長和政制及內地事務局局長陪同下舉行記者會，宣布行會通過了接納民主黨的區議會改良方案。

在記者會上，曾蔭權高度讚揚民主黨願意磋商的態度：他指民主黨最初提出多項條件，表示缺一不可，但為求政改成功，最後沒有堅持其他條件，只剩下區議會方案。曾蔭權是真心稱讚民主黨的；但他這幾句話對民主黨卻是「靠害」，只會給炮轟民主黨「背叛民主」的人拿來做彈藥。何俊仁馬上打電話向特首辦投訴，特首辦隨即發出聲明，強調民主黨沒有放棄原則立場，包括爭取雙普選、取消

功能組別的目標；聲明説政府對民主黨的立場表示尊重。

對於民主黨被批評放棄了爭取普選的目標，司徒華反駁説，民主黨支持的政改方案是進步的：除了新增5個地方直選議席，還增加5個近乎直選的區議會功能議席，並且取消區議會委任制。他問，要爭取普選，「難道否決了政府方案，原地踏步，會比通過方案好嗎？」

其實每次政改，都是要「循序漸進」，令政制向前發展的。2005年和2015年兩次政改，包括民主黨在內的所有泛民議員，聲稱要真普選，嫌政府的方案步伐太慢，便把它否決了，寧可原地踏步。唯獨2010年那一次，民主黨忍辱負重，頂住被罵「背叛民主」的壓力，支持政府方案，令政制發展可以前進一步。

互諒互讓

官方當初聲稱，政府提出的政改方案，是在《基本法》和人大常委會決定的框架內的最佳方案，沒有什麼修改的空間。建制派對此深信不疑，認為中央政府不會向泛民的要求讓步。

遲至2010年6月14日，即在梁愛詩公開表示民主黨方案沒有違反人大常委會決定前3天，本身是法學教授的中聯辦宣傳文體部部長郝鐵川還在記者面前抨擊民主黨方案「把區議會功能組別擴大至普選」，說那是「沒有先例、沒有法理依據、沒有必要地畫蛇添足」；他指政府提出的方案已增加了民主成分，並警告泛民：「見了民主就應該舉手贊成，如果見了民主躲着走，那就是反對派，而不是民主派！」

豈料中央政府在最後關頭竟作出一百八十度的轉變，接受民主黨方案，令建制派措手不及。這戲劇性的變化到底為什麼會發生呢？

有傳聞說，是曾蔭權在最後關頭「逼宮」，向中央政府表示，如果政改不獲通過，他便要辭職，於是中央政府被迫讓步。這傳聞是否屬實，我沒去查證；即使真有其事，相信沒有知情者會願意證實。不過我想，假如中央政府認為民主黨方案不能接受是個原則問題，例如認為方案違反了人大常委會的決定，曾蔭權不可能不知道；他知道了中央政府的底線，不可能還要以辭職來要挾北京放棄原則作出讓步；而即使他這樣做了，北京也不可能就範。

根據我了解到的情況，中央政府並沒有認定民主黨方案牴觸《基本法》或人大常委會的決定；但中央政府要評估，如果接納了該方案，對特區的政治生態和隨後的政制發展會有什麼影響。要不要接納民主黨方案，是一個政治決定；歸根結柢，要看中央政府認為通過政改有多重要。

政府在 2005 年要推政改的時候，也是曾蔭權任行政長官。那次方案被否決之後，曾蔭權曾經感慨地說：「我現在才知道，原來全世界只有一個人想政改通過。」他說的那一個人就是他自己；很多人嘴裏說支持政改，心裏其實寧可維持現狀，或者覺得政改通不過也沒什麼大不了。2005年真正希望政改成功的，不會只得曾蔭權一人；但不論在建制或泛民陣營裏，都有很多人認為不值得為爭取政改方案通過而作出任何妥協。

2010 年的情況跟 2005 年不一樣；隨了曾蔭權外，中

央政府裏也有意見認為，如果政改再次失敗，會打擊港人對「一國兩制」的信心。特別是人大常委會已經在2007年承諾了香港2017年可以普選行政長官，之後可以普選全部立法會議席。如果2012年不向前走一步，怎樣循序漸進地落實這普選時間表？

那為什麼中央政府前緊後寬，一直拒絕讓步，到最後關頭才同意妥協呢？這並不是什麼談判策略；是由於民主黨到最後才願意放棄「三項要求」。

中央政府已經開始研究香港怎樣實行普選的問題，對怎樣處理功能組別議席也有了一些看法，不想一早便把問題說死，所以不可能同意民主黨的要求，承諾取消功能組別選舉。民主黨如果堅持這項要求作為支持政改的條件，政改便難逃再遭否決。

世紀辯論

　　在立法會要就 2012 年政改決議案進行表決前的最後一個星期裏，正當中央和特區政府與民主黨頻密接觸，爭取達成協議的時候，有一段跟這主旋律不甚協調的插曲：曾蔭權和余若薇進行了一場電視辯論。

　　這場辯論被一些人稱為「世紀大辯論」，是由曾蔭權提出的。一個月前，當社會輿論普遍認為公社兩黨策動的「五區公投」已徹底失敗之後，曾蔭權突然發信給「五區公投運動聯合委員會總發言人」余若薇，說要和她進行一次電視直播辯論，「讓市民更清楚明白支持及反對立法會通過政府方案的論據，從而作出判斷」。

　　信中建議辯論在 6 月 17 日晚假中區政府合署舉行，並且提出辯論規則：由獨立人士主持，不設現場觀眾，不設第三者發問。

　　收到「戰書」的余若薇大概也有點錯愕，但很快便回信表示樂意應戰。消息傳出，建制派對曾蔭權這一舉措感

到難以理解。

他們公開不便批評，只說「尊重」曾蔭權的決定，甚至稱讚他「勇氣可嘉」，明知辯才不及對方，仍敢向對方挑戰；但很多人私下都認為此舉十分不智，尤其當中央政府已嚴厲批評「公投」違憲違法，曾蔭權竟邀請余若薇以「五區公投運動聯合委員會總發言人」的身份和他辯論，是重大政治錯誤。

曾蔭權在 5 月下旬與建制派議員的晚宴上解釋說，搞辯論的目的是爭取民意，為政改拉票；他表示政府團隊已經費盡心力「箍票」，但政改方案通過的機會仍是十分渺茫，所以不能不做點「出格」的事，以求突破；他說不求辯贏余若薇，只是希望透過直播，以誠意打動市民，令一些不支持方案的市民改變態度。至於為什麼要選擇余若薇作為辯論對手，他說是因為她對方案反對最強烈。

曾蔭權的解釋並不能說服建制派；他們大多數不以為然，認為余若薇因「公投」失敗正陷於窘境，這場辯論正好給她翻身的機會。正如政壇元老李鵬飛預言：「曾蔭權想趁余若薇病攞佢命，誰知攞番自己條命。」

電視辯論如期在 6 月 17 日舉行，即在梁愛詩發表談話肯定民主黨方案的同一天，距離立法會表決政改決議案不到一星期。

一如所有人預料，在差不多一小時的辯論裏，曾蔭權一直處於下風，被動挨打。余若薇在總結時說的幾句話簡明有力：「如果我支持（方案），我就對不起下一代；我情願原地踏步，也不要行差踏錯。」

辯論後的民意調查顯示，逾七成市民認為余若薇在辯論中表現優勝，認為曾蔭權表現優勝的只有一成半；聽了辯論後對政改方案更加反對或減少支持的佔了四成半，更加支持或減少反對的不到兩成。政府想靠這場辯論贏得更多民意支持，結果適得其反；雖然這並不會影響立法會議員的取態。

搞這場辯論，到底是誰出的主意？有說是時任特首辦主任譚志源。5年後，已轉任政制及內地事務局局長的譚志源，要負責推動另一場政改。有人建議要再舉行電視論壇，譚志源聞虎色變，說：「數年前我做特首辦主任時，安排過當年的特首和一位議員電視辯論；之後我追悔莫及！」

曾蔭權與余若薇進行政改辯論時一直處於下風，結果民調顯示七成人認為余表現較優勝。

辭職投票

2010年4月底，我出席香港電台節目《議事論事》，主持人問：假若2012年政改方案有39名立法會議員支持，獨欠一票才獲通過，我作為立法會主席會否投贊成票，讓方案通過？我回答說：如果我相信政改方案通過了對香港社會整體利益有好處，就是只差我的一票，那麼我會辭職去投票。

在競選立法會主席的時候，我作了「三不」的承諾，包括不投票。不過，我當時也特別說明，如果遇上一個涉及公眾利益的重大問題，我認為我必須採取立場，不能維持中立的話，那我就會辭職。我表示如有需要，會辭職投票支持政改，說的就是這條道理。

我這番話引起的風波出乎我的意料。立法會裏的泛民議員對我的批評，我是估計到的。當時政府尚未與民主黨達成協議，立法會裏全部泛民議員都表示要否決政改方案；我說要支持方案通過，他們當然不滿。但社會上對我批評的嚴厲程度，比泛民議員有過之而無不及。

主席八年　上冊

回歸前曾任立法局主席的黃宏發說，我一旦辭職投票，便破壞了傳統，今後整個立法會制度要為我的作為承擔後果。有報章發表社論，指我「玩弄立法會主席名器，將成為憲制歷史罪人」；文章裏說：「曾鈺成如何理解立法會主席的重要、如何體待政治人格遭到質疑，是他個人的事；但是立法會主席一職被操作成投票機器，卻使人感到心痛。」

　　我向全體議員發出一篇書面說明，重申我絕對認同作為立法會主席，不應該參與表決；而我亦一直堅守這項原則。

　　不過，我指出：「相信各位議員亦會明白，我也是一個由地區直選產生的議員。作為市民代表，我要向我的選民負責；在履行議員職責時，最終要以香港市民和整體社會的利益為依歸。當我認為社會的整體利益會因欠我的一票而受到嚴重損害時，我覺得自己是有責任履行我作為市民代表的職責，投下我的一票。正如我競選立法會主席時所說，屆時我必會辭去主席一職，方作投票。」

　　不過，假如我真的要投票，先辭職其實是行不通的。

　　《基本法》規定，如果行政長官缺位，在補選產生新的行政長官之前，由政務司司長、財政司司長、律政司司長依次臨時代理行政長官職務。可是，對於立法會主席缺

位，《基本法》和《立法會議事規則》都沒有類似的代理規定。所以，如果我一辭職，立法會便沒有了主席，在補選產生新的主席前沒有人可以代理主席的職務，包括主持立法會會議。

這就是說，我辭職後，立法會首先要進行主席的補選，政改的表決只能在補選產生的新主席主持的會議上進行。新主席一定是另一名建制派議員；在議會裏佔了多數議席的建制派，不可能選出一名泛民議員任主席。那麼，新主席會在政改表決時投票嗎？投了，就違反主席不投票的傳統；不投，政改仍是欠一票不能通過，我的辭職便毫無作用。

所以，先辭職、再投票，其實並非選擇。如果我要投票，只能違反承諾，在主席的職位上投票，然後引咎辭職，讓「政治人格」蒙污。

政改最後得到民主黨支持，我毋須投票，算是避過一劫。

高官起錨

講2010年的政改故事，不能不提「起錨」。

政改議案進行表決前的一個多月，曾蔭權率領他的問責團隊到街上做宣傳，為爭取民意作最後衝刺。「起錨」就是他們的口號。

5月份的最後一個星期六下午，曾蔭權率領所有在港的司長、局長、副局長和政治助理，舉行花車巡遊。花車上掛有「二〇一二政制改革『起錨』」的橫額；眾高官穿上印有「起錨」字樣的T恤，兵分兩路：曾蔭權與律政司司長黃仁龍、政制及內地事務局局長林瑞麟等由金鐘出發，途經北角和鰂魚涌；政務司司長唐英年與財政司司長曾俊華等從九龍灣出發，途經油麻地、佐敦和尖沙咀；在沿途各站，官員們都下車向途人派發「起錨」傳單和襟章。兩路人馬最後在沙田會師，邀請傳媒到場採訪。

曾蔭權對傳媒說，當天是一個「很特別的日子」，他和問責團隊全體同事一起「落區」爭取市民支持政改方案；

2005 年政改「拋了錨」，令香港的政治環境在接着的 5 年裏也「拋了錨」。他號召香港人不再蹉跎、不再猶豫，把握政改向前走的機會，一齊「起錨」。他多次情緒激昂地高呼「起錨」，站在他後面的二十多名官員跟着齊喊：「起錨！起錨！起錨！」

這場面是空前絕後的：行政長官和主要官員拉大隊到街上做宣傳，以前沒見過，至今未有第二次。這是在「余曾辯」之外曾蔭權搞的另一項「出格」行動。

官員們在行動中的表現受到不少揶揄。有批評說，集體叫口號時，官員們「像一盤散沙、全無默契和士氣」；個別官員被指神情尷尬、態度馬虎，予人不情不願、勉強交差的感覺。有這些現象毫不奇怪：除了個別曾選過區議員的政治助理外，官員們當天所做的動作，可能是他們一生人第一次；他們當官以來，大概從沒想到要落街派傳單、在大庭廣眾前高呼口號。（曾蔭權倒有一次花車巡遊的經驗，那是他在 2007 年競選連任的時候。）

不過我認為，那是政治官員應做的事。到街上與市民接觸、向公眾發表演說，本來都是政治官員的基本動作；可是香港的官員，包括「問責團隊」裏理論上應履行政治職務的主要官員，卻從來不做這些事，因為他們不是由選舉產生，不用到民眾中去拉票。有過選舉經驗的人，相信大多數和我一樣，第一次到街上派傳單，跟陌生人握手，站在街

頭拿着「大聲公」向路人講話，都會覺得彆扭、尷尬，但知道這些都是「指定動作」，不得不硬着頭皮去做，漸漸習慣了，表現便自然了。

在花車巡遊後的幾個星期裏，官員們繼續放下身段，用各種方式向市民宣傳「起錨」。他們出席所有公眾場合（包括公眾人物的喪禮）時，胸前必佩戴「起錨」的襟章；他們把握每一個機會，高呼「起錨」口號；他們在各區人流集中的地點派傳單；他們到屋邨家訪，挨家挨戶宣傳政改。他們遇到不少反對聲音，有人惡言辱罵，有人冷嘲熱諷；但也有不少市民對他們表示支持鼓勵。

我以為我們的問責官員從此會走入社區接觸市民，轉型為政治官員了。我忘了「起錨」是「起身走人」的意思；政改一通過，官員們便「起錨」，街道上、屋邨裏，再也見不到他們的蹤影。

最後決戰

2010年6月23日清晨，立法會大樓周圍已有大批警員布防，如臨大敵。當天的立法會會議要表決通過政改方案，反對團體早前已宣布發起「623全民包圍立法會」抗議行動。

半年前，立法會財務委員會審議高鐵香港段撥款建議時，立法會大樓曾被萬多名示威者包圍，官員和建制派議員被困大樓多個小時不能安全離開。部分示威者與警員發生衝突，警員要動用胡椒噴霧驅散人群。

前車可鑑，這次立法會要表決極具爭議的政改方案，警方不敢大意，嚴陣以待。

立法會大樓當時仍在昃臣道，即今天的終審法院大樓；東面隔着停車場是遮打花園，西面與皇后像廣場毗鄰。

反政改示威者佔據了皇后像廣場，高呼抗議口號；建制派社團則在遮打花園舉行撐政改嘉年華，不斷載歌載

舞。數百名警員在周圍戒備，防止雙方人馬「過界」發生衝突。

會議廳外搖旗吶喊，會議廳內舌劍唇槍。有了民主黨的支持，政改議案肯定可以獲得通過；公民黨、社民連和其他反對政改方案的泛民議員便出盡辦法阻撓議案付諸表決。

處理政改議案的環節一開始，余若薇便提出「規程問題」。她指稱，政府按《議事規則》向立法會提交的議案，是以政府原先提出的 2012 年行政長官和立法會產生辦法為根據的；立法會內務委員會成立的相關小組委員會，對該政府方案完成了審議。

不過，政府兩天前突然宣布修改了議案背後的 2012 年立法會產生辦法，那就應該先把修改了的辦法交給小組委員會重新審議，並進行公眾諮詢，然後立法會才可以對議案進行表決。她說：「政府不可能基於不同的版本諮詢市民、諮詢立法會，然後在最後兩天更改內容，要求我們如期表決。」

吳靄儀發言附和，指政府修改了的方案未有給立法會足夠的通知，按《議事規則》不可在這次會議上表決。

我在批准政改議案列入這次會議議程的時候，已經和

秘書處研究了這個問題。現在要表決的有關2012年立法
會產生辦法的議案,只訂明功能團體選舉和分區直接選舉
的議員各有35人,並沒有提及新增的5個功能團體議席的
選舉辦法;有關的選舉辦法,將由日後的本地立法規定。
因此,雖然政府接納了民主黨方案,把區議員互選改為區
議員提名、幾乎全體選民選舉產生,但議案的內容沒有改
變。

余若薇和吳靄儀的意見並非沒有道理:如果政府不
是兩天前接納了民主黨方案,民主黨是不會投票支持議案
的;所以,現在表決的議案,實質上不可能和政府先前向
立法會提交的沒有分別,雖然議案的文字沒有改變。

不過,民主黨方案已提出多時,立法會各黨派和社會
公眾對方案已有很多討論;延後表決既無需要,亦不會改
變表決結果。我作出裁決:「載列於議程上的議案,內容跟
政府在12整天前向本會作出預告時是完全一樣的。我認
為,對議案進行辯論表決,沒有違反《議事規則》。」會議繼
續處理兩項政改議案。

在辯論中,另一名要阻止議案付諸表決的泛民議
員,動議辯論「中止待續」。

政改表決前夕，反對團體發起「623全民包圍立法會」抗議行動。

高票通過

　　立法會2010年6月23日下午開始辯論2012年修改行政長官選舉辦法的議案。官員作了開場發言之後，反對議案的何秀蘭議員率先發言。她用盡了15分鐘發言時間說明反對議案的理由，然後在結束發言之前動議「辯論中止待續」。

　　《議事規則》規定，在立法會會議對任何議題進行辯論時，發言的議員可無經預告動議「辯論現即中止待續」的議案；這時，立法會主席必須先讓會議對該議案進行辯論及表決。如果議案被否決，會議便恢復原來的辯論；如果中止待續議案獲得通過，原來的辯論即告中止，會議轉而處理議程上的下一事項。

　　按議會的議事程序，議案一經動議，必須進行辯論、表決；有時，辯論開始後，可能發生一些情況，令辯論不應繼續，例如議案涉及一宗等待法庭覆檢的上訴案件。中止待續議案提供一個機制，讓議會可以決定是否暫停有關辯論，待時機合適才恢復。

動議中止待續是阻延議案付諸表決——即「拉布」——的手法之一：議員可對中止待續議案展開另一場辯論，消耗一段額外的時間。不過，在一場辯論裏，中止待續議案只可提出一次。

會議就何秀蘭動議的中止待續議案辯論了4個小時。17名議員發言，其中只有5名是建制派，包括發言支持中止待續的陳茂波和梁家騮；他們表態支持政改方案押後表決，反映了他們代表的會計界和醫學界對方案的保留。其他建制派議員都反對押後，他們不想讓中止待續議案辯論拖得太長，加強了「拉布」的效果，所以各黨派最多只有一名代表發言，表明立場。

所有泛民議員都支持中止待續，包括已宣布支持政改方案的民主黨。建制派除了陳茂波和梁家騮外，全部反對；中止待續議案最終被否決，會議返回政改議案辯論。至晚上10時，我宣布會議暫停。

為確保官員和議員安全離開立法會大樓，警方在大樓外嚴密布防，立法會秘書處安排了多輛小巴把議員送往港鐵金鐘站。 政務司司長唐英年在會議結束後走到遮打花園，感謝在那裏的撐政改團體；公民黨議員走到反政改示威者聚集的皇后像廣場，上台演說；民主黨副主席劉慧卿與建制派議員一起乘坐小巴離開；主席何俊仁和其他數名民主黨議員卻選擇從面向皇后像廣場的出口步出大樓；他

們立即被示威者包圍，以粗言穢語辱罵，並向他們投擲示威牌和冥錢，以及潑水。他們在警員護送下繞到大樓停車場，乘車離去。

會議翌日上午9時恢復，繼續議案辯論。按議案辯論的規則，每名議員發言不能多於一次，最長15分鐘。中止待續議案先前被否決後，反對政改的議員再沒有別的辦法「拉布」。辯論至24日下午2時半結束，議案付諸表決。

表決結果：46人贊成，13人反對；贊成的議員超過全體議員的三分之二，議案獲得通過。建制派（除了我不投票之外）36人全投贊成票；泛民有10人投票贊成，包括馮檢基、李國麟和民主黨除了鄭家富之外的8票。鄭家富在辯論發言時表明要對議案投反對票，並宣布正式退出民主黨。

誰是贏家

修改行政長官選舉辦法的議案通過後，立法會再經過 11 小時的辯論，表決通過修改立法會產生辦法的議案，政改宣告成功；這是回歸以來第一次，也是至今唯一的一次。

立法會作最後表決前，行政長官曾蔭權到遮打花園與撐政改的市民逐一握手致謝。他興奮地走到台上高叫口號，激動地說：「為我們、我們的子女、我們的下一代，為香港的和諧社會，我們用理性，我們用熱情，我們以愛港的心情，為全香港『起錨』。一切的困難、閒言閒語、責罵，我完全受得起，因為我有你們的支持！」

政改議案表決通過後，政務司司長唐英年、一眾問責官員及多名建制派議員，走出立法會大樓，到遮打花園感謝支持者。唐英年在台上高呼：「今天是民主的勝利！」台下數百名市民報以熱烈掌聲。

那邊廂，在大樓另一邊的皇后像廣場，反政改示威者面向立法會默哀，然後拿出香燭跪拜，高叫「民主已死」。

一名中六女學生拿着小白花紀念這「傷痛的一天」,並表示「對民主黨十分失望」。

　　曾蔭權在當天下午的記者會上以「令人激動的歷史時刻」形容政改方案獲得通過。他說:「香港從此不一樣,民主大道豁然開朗,普選終點清晰在望。邁向民主,同路人只會愈來愈多。」他總結兩次政改的經驗,指出要成功,「大家除了堅持民主理想,還需要溝通,解決分歧」。他把政改通過歸功於各黨派、香港政府、中央政府及中央駐港機構的努力;他表示「深深感到中央對香港的信任,對香港的政制發展持開放包容的態度」。

　　中央政府對政改通過給予高度評價:港澳辦發言人評論說,政改通過,「符合香港公眾的普遍願望,也是中央政府樂於看到的」;中聯辦負責人說,政改通過「是特區政府、立法會主要政團及議員、香港社會各界尤其是廣大香港市民,共同努力的結果,為普選邁進創造了條件」。

　　不過大家看得明白,並不是所有「立法會主要政團及議員」都支持政改方案,都為方案獲得通過感到高興;公民黨對通過政改多番阻撓,反對到底;社民連指政改通過是「香港民主最黑暗的一天」。建制派本來支持政府最初提出的方案,及至政府突然採納民主黨方案,他們被迫跟着政府轉軌;表決時他們全投贊成票,通過後他們一致讚好,但到底當中有多少人真誠地、由衷地為政改通過感到

促成政改通過居功至偉的民主黨，得到的是懲罰多於獎勵。

高興，很成疑問。

對促成政改通過居功至偉的民主黨，得到的是懲罰多於獎勵。社民連和其他激進泛民抨擊民主黨「背叛民主」、「出賣港人」，一部分長期支持者表示對民主黨失望，創黨成員鄭家富和多名「少壯派」憤然退黨。其他溫和泛民沒有出來撐民主黨，為它說好話。

建制派當然不願對民主黨這選舉對手大加褒獎，只說了些「希望以後可以和民主黨合作」之類的門面話。曾蔭權多謝有的黨派「頂住各種攻擊」支持政改，並說「相信歷史會給予公道、正面的評價」，但他沒有直接提及民主黨。中央政府沒有公開承認民主黨對政改的貢獻，也沒有借此次機會與民主黨建立長期穩定的溝通合作關係。

第七章　爭議時刻

憲制危機

　　政改成功通過，理應有助改善行政立法關係。可是，2010-2011立法年度一開始，就發生了一場「憲制危機」，政府幾乎要和立法會打官司。

　　引起這場危機的是政府擴展將軍澳堆填區的計劃。2010年6月，當人們的注意還集中在政改能否通過的時候，憲報刊登了一項行政長官命令——《2010年郊野公園（指定）（綜合）（修訂）令》（下稱《修訂令》），重新指定清水灣郊野公園的範圍。新範圍比原來減少了5公頃；這5公頃土地，用來擴展將軍澳堆填區。

　　《修訂令》是行政長官依照《郊野公園條例》（「條例」）發出的，2010年6月4日刊登憲報，6月9日提交立法會。政府向立法會提供的資料摘要解釋說，新界東南堆填區（即將軍澳堆填區）將於2013或2014年飽和；面對迫切的廢物處理問題，環保署建議延長該堆填區使用期6年，並把它的面積擴展50公頃，其中包括佔用屬於清水灣郊野公園的5公頃土地。

郊野公園及海岸公園管理局總監（「總監」，由漁農自然護理署署長擔任）應行政長官的指示，為範圍縮小了5公頃的清水灣郊野公園擬備了「未定案地圖」，並由2008年11月14日起供公眾查閱，為期60天，期間一共收到3000多份反對意見書；郊野公園及海岸公園委員會在聆訊後否決了所有反對意見。

未定案地圖於2009年6月30日獲行政長官會同行政會議批准，存放於土地註冊處。於是，政府依照條例規定，把《修訂令》刊憲。《修訂令》的生效日期為2010年11月1日，屆時新地圖便會取代舊地圖，把5公頃土地從清水灣郊野公園的範圍剔除。

將軍澳居民強烈反對擴大堆填區：他們一直投訴堆填區發出臭味，影響他們的生活和健康，要求政府採取有效的改善措施；現在老問題沒有解決，還要把周圍更多的土地劃做堆填區，居民的反應可想而知。

立法會各黨派都不能違反民意：不論處理廢物的問題如何迫切，政府提出的理據如何充分，立法會議員不能漠視市民的反對。有人批評說，政黨不應只看到少數人反對而看不到多數人的利益：人人都知道要增闢堆填區；如果人人都反對把堆填區設在自己的住區裏，結果就哪裏都不能設。可是，任何政黨都經不起與一個地區的居民為敵：如果政黨在某地區的議員必須反對某項政策，整個政黨就

不可能支持該政策。

《修訂令》是「附屬法例」；政府當局向立法會提交後，立法會成立了小組委員會負責審議。除了少數不屬於任何政黨的功能組別議員外，所有議員都表示反對《修訂令》。按《釋義及通則條例》規定，《修訂令》的審議期有28天，並且可延展21天；由於28天加21天已超過了7月中立法會會期結束的日子，審議期可延展至下年度會期開始。6月底的立法會會議通過了小組委員會主席陳淑莊動議的議案，把《修訂令》的審議期延展至2010-2011年度會期的首次立法會會議。

新會期開始前，陳淑莊作出預告，將在首次會議上動議議案，廢除《修訂令》。

政府說廢除《修訂令》的議案不合法。我要裁定陳淑莊可否動議她的議案。

廢也不廢

立法會大多數議員反對把清水灣郊野公園一部分劃作堆填區;廢除《修訂令》的議案一旦動議,必定獲得通過,擴展將軍澳堆填區的計劃便不能打郊野公園的主意。相反,如果我不批准議員動議「廢令」議案,清水灣郊野公園5公頃土地要劃為堆填區便成為不可改變的事實。

不過,這不是最重要的問題:《修訂令》涉及的5公頃土地,只佔新界東南堆填區擴展計劃的十分之一;廢除了《修訂令》,堆填區仍有其他擴展空間。我的裁決會引起的最大爭議,是「廢令」議案是否合法?

政府指出,《郊野公園條例》第14條規定,郊野公園地圖經行政長官會同行政會議批准並存放於土地註冊處之後,「行政長官須藉在憲報刊登的命令,指定在該已予批准的地圖上所示的範圍為郊野公園」。條文裏的「須」字規限了行政長官行使的權力:他必須發出命令以落實已批准的地圖,這是第14條授予行政長官的唯一權力;他沒有獲得授權發出其他命令,或者拒絕發出命令。

政府進一步指出，立法會審議和修訂附屬法例的權力，受《釋義及通則條例》第34(2)條限制，即立法會可把附屬法例修訂，「修訂方式不限，但須符合訂立該附屬法例的權力」。對《修訂令》來說，「訂立該附屬法例的權力」就是行政長官發出命令的權力；既然這權力不包括行政長官可廢除已發出的命令，立法會便沒有權力廢除該命令。

政府認為立法會主席必須拒絕批准動議「廢令」議案。如果批准動議，政府或會提出司法覆核；而即使議案動議並獲得通過，亦因為不合法而沒有法律效力，《修訂令》不會被廢除。

立法會法律顧問不同意政府的意見。法律顧問指出，根據《郊野公園條例》第15(1)條，行政長官會同行政會議可把任何已批准的地圖交回總監作修訂，或者換一張新地圖。這說明已批准的地圖是可以修改的；行政長官並非一定要就已批准的地圖作出指定，或者作了指定之後一定不能廢除。第14條的立法原意，不可能是剝奪立法會修訂或廢除附屬法例的權力。

這裏涉及一個根本問題：行政立法權力分配的問題。根據《基本法》，特別行政區的立法權屬於立法會；但是，立法會可以藉某項條例（例如《郊野公園條例》）授權指定的官員訂立附屬法例（例如由行政長官發出《修訂令》），這是把特定的立法權轉授予行政當局；但行政當局

行使這轉授的立法權的時候，立法會有監察權，包括有權修訂以至廢除所訂立的附屬法例。

我認為這原則適用於《郊野公園條例》第14條；是否廢除《修訂令》，應交由立法會決定；如果政府不能說服立法會不應廢除《修訂令》，行政長官會同行政會議可在考慮立法會的意見後，根據第15(1)條，把已批准的地圖交回總監處理。這是立法會監察行政機關行使轉授立法權的例子。

我裁定陳淑莊議員提出的議案符合《議事規則》，可在立法會會議上動議。議案獲大比數通過；政府接受《修訂令》已被廢除，宣布不會對我的裁決提出司法覆核。

無辜遇害

　　舉世震驚的「馬尼拉人質事件」發生於 2010 年 8 月 23 日。一個叫門多薩（Mendoza）的被革除了的菲律賓警隊高級督察，在馬尼拉黎刹公園外登上一輛載着香港旅行團的旅遊巴士，挾持車上的司機和乘客共 25 名人質，要求菲律賓政府恢復他的職務。

　　事件持續了足足 12 小時；香港市民從電視新聞直播看着事件發展的全個過程，看到人質與槍手周旋，全城恐懼不安；看到進行營救的菲律賓警察愚蠢無能，全城頓足憤慨；最後看到人質被殺害，全城震驚悲痛。事件中 8 名港人死亡，7 人受傷。

　　立法會當時正在暑假休會期間，但議員們都對事件十分關注。保安事務委員會召開特別會議討論事件，多名議員在會上發言，哀悼遇難港人，狠批菲國政府，情緒激動。有議員要求對傷者提供治療照料，以及對遇難者家屬給予撫恤支援；有議員建議嘉許在危難中表現英勇的港人，對犧牲者追授勳銜。多位議員表示不能信任菲律賓當局對事

件調查的公正性，要求特區政府通過中央政府向菲方提出，由香港派員赴菲參與調查。

同仇敵愾的情緒，令立法會各黨派跨越陣營，拋開矛盾，團結一致。民建聯主席譚耀宗建議為哀悼事件、要求徹查真相發起遊行，立即得到所有黨派的響應。在接着的星期日——事件中遇難者「頭七」的日子——8萬香港市民身穿黑白素衣，參加了歷史上第一次由各黨派聯合發動的公眾遊行。

遊行隊伍下午3時在維園集合。大會默哀後，我以立法會主席的身份，代表全體議員宣讀聲明，向特區政府提出四大訴求：一、促請特區政府嚴正要求菲律賓政府盡快徹查事件，並爭取直接參與調查；二、從速採取措施向傷者、幸存者及死傷者家屬提供全面支援；三、制訂應變機制，以處理日後類似事件；四、與旅遊界商討有關跟進工作。

遊行隊伍之後由維園出發，我和所有立法會議員走在前面，沿途拉起寫上悼念字句的橫額，全程不叫口號，以沉默表示哀悼和抗議。

下午4時半，遊行隊伍的先頭部隊抵達終點遮打花園。再次肅立默哀後，我代表立法會議員獻上花圈，全場一片肅穆哀傷，令人不禁潸然淚下。很多市民都準備了鮮

花，一批批有秩序地上前獻花致哀。

菲律賓外傭團體同日在中環遮打道舉行燭光晚會，為馬尼拉事件的死難者祈禱。

我應議員要求，在9月2日召開立法會特別會議。會議一致通過由內務委員會主席劉健儀動議的議案，向政府提出四大訴求。多名議員發言要求特區政府爭取參與調查事件真相，以及加強港人在境外發生事故的應變措施；不少議員讚揚殉職領隊謝廷駿的英勇表現。

保安局局長李少光在會上表示，香港警方已初步完成在肇事旅遊巴士的搜證和化驗涉事槍械等工作，調查所得資料將盡快提交死因裁判官，以早日決定是否進行死因聆訊。

涂謹申議員建議，召開死因聆訊時，應邀請事件中的菲律賓特警、旅遊巴士司機等人來港作證。

想不到聆訊開始後，我的一項裁決竟令我成為罪人。

「馬尼拉人質事件」導致 8 名港人死亡，建制泛民同仇敵愾，促成歷史上首次由跨黨派發動的大型公眾遊行。

扔石罪人

　　警方完成馬尼拉人質事件的搜證工作，於 2010 年 11 月 6 日向死因裁判法庭呈交報告；死因裁判法庭決定，2011 年 2 月 14 日開始就事件中的遇害者進行死因聆訊，並傳召 34 名香港證人和 116 名菲律賓證人出庭作供。

　　菲律賓總統阿基諾三世 2010 年 11 月在橫濱出席亞太經合組織會議時，曾向香港行政長官曾蔭權承諾，會為死因聆訊提供協助。不過，直至聆訊開庭那天，仍沒有一個菲律賓證人表示願意來港或通過視像作供。

　　2011 年 2 月 15 日，死因裁判官傳召菲律賓駐港副總領事羅克（Val Simon Roque）出庭交代，他拒絕作出任何承諾，只説兩地司法機構已有直接對話，總領事館一直扮演溝通角色。2 月 28 日，6 名在事件中生還的團友及殉職領隊謝廷駿的兄長發表聯合聲明，要求菲律賓政府兌現協助香港調查的承諾，安排證人來港作供。政務司司長唐英年又在 3 月 3 日召見菲律賓駐港總領事柯明（Claro S Cristobal），促請菲政府採取必要措施，配合死因聆訊。但

所有這些催促都沒有作用：聆訊進行了 3 個星期，一直沒有菲律賓證人前來作供。

3 月 9 日上午，我收到涂謹申議員來信，要求在當天的立法會會議上，就馬尼拉人質事件中的菲律賓證人拒絕到香港死因裁判法庭作供問題，動議休會辯論。

從政治考慮，我沒有理由不批准涂謹申的要求。對於菲律賓證人不肯來港作供，議會內外都十分不滿；把議題拿到立法會會議上辯論，各黨派議員都會踴躍發言，給菲律賓當局增加壓力，這是香港市民一定支持的。可是，《議事規則》不容許我批准動議。

我在前文〈休會辯論〉解釋過，休會辯論有兩種；涂謹申要求的休會辯論，是按《議事規則》第 16（2）條提出的一種，批准的條件是辯論的問題須有迫切重要性；判別標準是，假如不在該次會議辯論，會否發生不可逆轉的後果，或者以後再辯論已失去意義。涂謹申要求提出的辯論不能符合這個標準。況且休會辯論是不會通過任何有方向性的議案的，對保障死因聆訊的公正性不會有實質幫助。我決定不批准涂謹申提出休會辯論的要求。

涂謹申說我的裁決「可笑」、「荒謬」；很多人對我的裁決十分反感，包括殉職領隊謝廷駿的母親。謝媽媽在一個電台節目發表的給亡兒的信裏說：

「Masa（廷駿的洋名），你出事之後，香港人很齊心，很多人慰問我們，我們一家都很感謝大家。只是，早幾日，我知道立法會主席曾鈺成否決了涂謹申議員提出要求政府促請菲律賓派證人來作供的緊急動議，我知道後很憤怒，怒得淚水都流出來了。我不明白，為什麼在香港竟然有人在看着一群香港人在異地慘死之後，還可以對我們要討回公道的決心扔石頭。」

其實，我沒有「否決」任何動議；我不批准涂謹申提出的，也不是「要求政府促請菲律賓派證人來作供的緊急動議」。但我十分理解謝媽媽的憤怒。我知道，《議事規則》的規定不是一般市民會明白的；明白的人，也可能會認為我不應執着於《議事規則》而傷害了謝媽媽的感受。

公正裁決

2011 年 3 月 16 日，馬尼拉人質事件中的槍手門多薩的胞弟格雷里奧通過視像，越洋向香港死因裁判法庭作供。他是第一個在死因聆訊上作供的菲律賓證人；先前有多名已表示願意作供的菲律賓法醫和警務人員，都臨時失約。

一星期前，我不批准涂謹申在立法會會議上提出休會待續議案，以討論菲律賓證人拒絕來港作供的問題。我的裁決惹來很多責罵，包括謝廷駿母親怒斥我對受害人家屬「扔石頭」。批評者大多數不明白「休會待續」議案是什麼一回事，但有些應該知道我為什麼不能批准議案的人，也不放過「抽水」的機會。有電台節目主持人附和着罵我「扔石頭」之餘，還在電台發起聯署運動，要迫我批准涂謹申再提出同一項緊急辯論。

格雷里奧作證那天，也是立法會舉行會議的日子。當天早上，我先後收到涂謹申議員兩項動議休會待續議案的申請。

第一項申請和上星期的一樣，根據《議事規則》第16(2)條提出。涂在給我的信中說，死因庭原來對案件預計的研訊期是25日，當天已是第22日；如果菲律賓證人不來，死因庭必然很快便會結案並作出裁決，所以立法會的討論有迫切性。

立法會法律顧問向我指出，法律並沒有規定死因庭必須在預計的時期內完成研訊、作出裁決。如果未能找出事實真相，死因裁判官有權決定延長研訊，押後裁決。涂謹申的申請不符合《議事規則》第16(2)條規定的「迫切性」要求；我只能再次拒絕批准申請。

涂謹申的另一項申請，是根據《議事規則》第16(4)條提出的。第16(4)條說：「立法會議程上所有事項處理完畢後，議員可動議一項立法會現即休會待續的議案，以便提出任何有關公共利益的問題，要求一名獲委派官員發言答辯。」按這一條提出的議案，不須具有「迫切性」。議員提出16(4)議案，須在7天前作出預告，但這預告立法會主席可酌情免卻。

我同意涂謹申提出的要求，免卻預告，批准他動議16(4)議案，讓立法會在3月16日的會議結束前，辯論菲律賓證人來港作供的問題。多位議員發言要求特區政府催促菲方安排證人來港作供；保安局局長答辯時表示，政府一直積極跟進菲律賓證人來港出席死因研訊的事，並相信死

因庭會考慮所有證供及資料，對死因作出公正的裁決。

有人認為我終於批准辯論是屈服於輿論壓力，也有人認為我繞個圈來批准是要給自己挽回面子。我卻心安理得，自覺維護了《議事規則》的完整性。

辯論當天，菲律賓當局通知香港，有9名菲國警察總局證人將透過視像作供。但死因裁判官認為這些證人的證供作用有限，不值得為等候他們延長聆訊。

一星期後，死因庭陪審團一致裁定，8名香港人質死於不合法被殺。

研訊主任翟紹唐說，研訊讓公眾和死者家屬知道整件事的發生經過；他強調，大部分菲律賓證人沒有出庭作證，對研訊結果影響不大。

特區政府發表聲明說，研訊是公開、公正和專業的。

這可以給死者家屬多少安慰呢？

臨時撥款

2011年3月,立法會發生了一宗史無前例的「甩轆」事件:政府提出的臨時撥款議案不獲通過。

香港政府的財政年度是每年4月1日至翌年3月31日。政府每年2月底向立法會提交下年度的《財政預算案》;按立法會審議預算案的程序,通過預算案的時間不會早於4月中。為了讓政府在新的財政年度開始至預算案通過之前的期間維持正常運作,《公共財政條例》容許政府向立法會申請一筆「臨時撥款」,應付該段期間的政府開支;預算案通過後,臨時撥款便納入預算案之內。

臨時撥款議案從未有被立法機關否決過。議員批准臨時撥款,不等於支持《財政預算案》。臨時撥款議案進行表決的時間,通常在3月上旬,立法會仍未開始審議預算案。即使對預算案十分不滿、準備對預算案投反對票的議員,也不會反對先批准臨時撥款,讓政府在新財政年度開始時可以繼續運作。

政府在 2011 年 3 月 9 日的立法會會議上提出臨時撥款議案時，完全沒想到議案會被否決。

　　誰知當議案進行表決時，會議廳裏連我在內只有 36 個議員。除我之外的 17 名建制派議員，全部投了贊成票；18 名泛民議員有 4 人不投票，其餘全投了棄權票。議題未獲得在席議員以過半數贊成，我宣布議案被否決！

　　這結果，連泛民議員們都不想見到。他們不投票支持臨時撥款議案，只是要表示對預算案不滿；他們從沒想到，議案竟會因為建制派在席人數不足而不獲通過。

　　建制派議員共有 37 人，其中只有 18 人在議案表決時在席，其餘 19 人在哪裏呢？當中有 14 人身兼全國人大代表或政協委員，每年 3 月初到月中要到北京出席兩會；如果立法會有重要議題進行表決，他們會專程回港投票。但批准臨時撥款只是例行公事，從來沒有爭議，怎會通不過？所以他們都留在北京了。另外，陳茂波議員去了倫敦，以香港立法會議員的身份出席一個研討會。其他在港的 4 名建制派議員缺席會議，卻沒有引起任何人的注意，於是就「甩轆」了。

　　在議案辯論中，已有人察覺可能會出問題。何俊仁議員發言時，要求我在表決前暫停會議 10 分鐘，讓議員們對如何投票作最後商討；這其實是要給政府和建制派多一

點時間找議員回來投票。每當政府有重要議案要立法會通過，而政府知道支持和反對票數十分接近時，負責的官員都會發動政府裏的同事緊張地「箍票」，「人釘人」地催促每一個支持政府的議員出席投票。

不過，這次政府卻掉以輕心，完全沒有「箍票」意識，到我宣布表決結果，負責官員才如夢初醒，驚惶失措。

幸虧問題還可補救。在財政年度結束前還有立法會會議。否決了的議題不能在同一個立法年度裏再拿來表決，但只要把金額稍作變動，臨時撥款議案便可作為一項新的議案提交立法會。在 3 月 16 日的會議上，建制派議員除了 1 人全數出席，修改了的臨時撥款議案獲 35 票贊成，順利通過。

為避免類似事件再發生，我決定從下一年開始，在兩會期間不召開立法會會議。

成功爭取

　　2011年的臨時撥款議案,全體泛民議員拒絕投贊成票。那是因為他們對當年的《財政預算案》以及財政司司長曾俊華極之不滿。

　　曾俊華任財政司司長,一共發表過9份《財政預算案》;2011年發表的是社會反應最差的一份。 中大香港亞太研究所民調顯示,市民對預算案評價負面:表示滿意的較上一份預算案大跌12.4%,不滿的大升24.9%;預算案評分不及格,只得 46.9分,較去年急跌11.2分。預算案發表後,市民對特區政府的不滿意率急升9.5%;行政長官和三個司長的評分都急跌至他們上任以來新低,其中曾俊華的跌幅最大。

　　政府在該年錄得713億元盈餘,遠高於預期。預算案被指欠缺長遠規劃,又沒有遏抑樓價和控制通脹的措施。但最令市民不滿的,是預算案宣布的主要紓困措施:向每個市民的強制性公積金戶口注資6000元;這筆錢不能立即動用,要到退休時才可提取。其次,中產階層亦不滿政府

錄得龐大盈餘而不肯退稅。

立法會裏大多數議員，不分建制或泛民，都對預算案表示十分失望。泛民議員聲言要對預算案投反對票；建制派也不肯承諾投票支持。

面對立法會議員的批評，曾俊華和其他政府官員起初態度強硬，表明預算案沒有修改的空間。按照慣例，發表了的預算案是不會修改的。可是，預算案最終需要獲得立法會通過，通不過就會出現政治危機。在建制和泛民兩個陣營齊聲施壓下，曾俊華不得不作出讓步。

預算案發表後一個星期，曾俊華與 20 名建制派議員會晤之後，罕有地和議員一同會見傳媒，表示與議員們進行了「很有用的溝通」；他會對議員們關注的問題，包括注資強積金、退稅和援助「N無人士」等，「研究具體的回應方案，盡快、盡快作出公布」。他強調，議員完全沒有對他施壓。

兩天後，曾俊華再度與建制派議員會晤，把他的決定告知議員。會晤後，他再次與議員一起會見傳媒，宣布他的「新措施建議概念」：不注資強積金，改為向所有滿 18 歲的香港永久居民派發 6000 元；對未能受惠但有特殊需要的市民，預留款項另作支援；寬減薪俸稅和個人入息稅75%，上限 6000 元。這是歷史上第一次有《財政預算案》

在發表後作出修改。

財政司司長「從善如流」，建制派議員「成功爭取」。這場戲，泛民議員看在眼裏，怒上心頭；尤其當年是區議會選舉年，政黨要向選民演示政績。

又過了一個星期，曾俊華才應泛民議員的要求和他們會面，但這會面卻不歡而散。泛民議員會後都顯得怒氣沖沖，有人形容會面氣氛「非常惡劣」，批評曾俊華完全漠視泛民議員的訴求；既然曾俊華要向他們宣戰，泛民只好迎戰。他們揚言要再次呼籲市民上街抗議，又會在立法會提出對曾俊華的不信任議案。

這對曾俊華並不構成任何威脅：修改後的預算案令很多市民立即受惠，大大減少了社會上的怨氣；更重要的是在全體建制派支持下，預算案肯定獲得立法會通過。該年的預算案開了派錢的先例。不分貧富的派錢是否恰當，從此在社會上爭論不休。

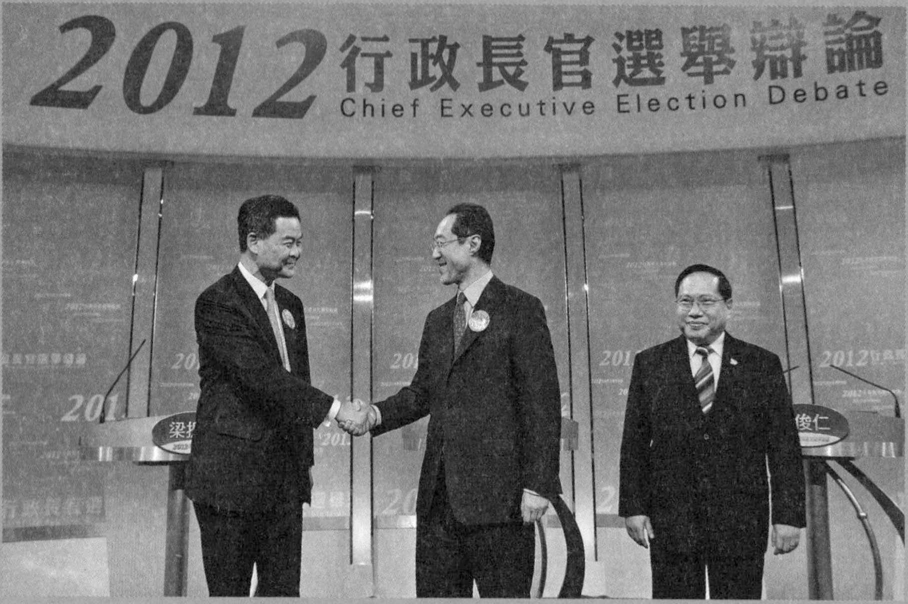
2012行政長官選舉辯論
Chief Executive Election Debate

第八章　唐梁對決

三無一有

曾蔭權的行政長官任期在 2012 年 6 月 30 日便告屆滿；按《基本法》規定，他不能再連任。誰是下一任行政長官？踏入 2011 年，「特首馬跑仔」的新聞開始熱起來了。

唐英年早就被認為是下一任行政長官的大熱人選。他在回歸後一直官運亨通：在董建華政府，他先當局長，後升任財政司司長；在曾蔭權政府再升一級任政務司司長，成為特區政府的第二把手。很多人——包括唐英年自己——都相信，中央政府已經選定了他接任行政長官。

不過，也有人不以為然，認為「阿爺」並未打定主意；或者即使主意定了，仍有機會改變。

第一個表示有意挑戰唐英年的人是梁振英。2010 年 7 月，在一個電視節目裏，梁振英被節目主持人李鵬飛問及是否有意參選特首時回應說，如果社會有需要，他會「盡力」。

梁振英雖然不是特區政府高官，但自回歸後便獲委任為行政會議非官守議員，並於1999年開始出任行政會議非官守議員召集人；2003年開始，他又獲委任為全國政協常委。人們看到，自2008、2009年開始，梁振英變得十分活躍：他幾乎每星期都邀請傳媒到他在山頂的大宅吃飯聊天；他經常應邀到各種公開場合作演說，講述自己對公共政策的主張；他又把論政文章結集出版，猶如發表施政綱要。我聽說他曾向中央官員表示，很多朋友熱切期望他競選行政長官；為了給這些朋友有個交代，他希望中央政府即使決定了支持另一人，也不會阻止他參選。

至2011年中，「疑似特首候選人」除了唐、梁二人之外，還有兩名女將：一位是人大常委、前任立法會主席范徐麗泰，另一位是立法會議員、前任保安局局長葉劉淑儀。她們兩人都說過一些話，含蓄地表示有意參加「跑馬仔」。

這4人出席任何公開活動，都會被傳媒演繹為「跑馬仔」的情節。公眾對故事聽膩了，傳媒便找來陪跑的「黑馬」，給故事加點花絮。

大約在2011年5月中，我開始被傳媒視為「黑馬」。至7月中，更有傳媒報道，幾個泛民政黨的主要成員都對我這「黑馬」表示讚許。稱讚的說話聽起來很舒服，但其實很危險。我知道我必須清楚表示無意參選行政長官，以免有任何人把我看作競爭敵人。

我在接受傳媒訪問時說，我沒有條件參選行政長官，因為我「三無一有」：一無人脈，在香港和北京都沒有支持我的有力人士；二無班底，沒有能力組成一個得人信任的管治班子；三無勇氣，不敢出來挑戰條件遠比我優勝的人；我又有一點自知之明，知道以我的經驗和能力，不能勝任行政長官的艱難職務。

傳媒問：真的沒有人鼓勵我參選特首嗎？我笑着說：「有的。例如有一次我到油站給汽車加油，油站職員對我說，曾先生，你為什麼不選特首？我說，我哪有能力和資格？他卻說，誰說的？你很好哩！這也可算是有人鼓勵我參選特首吧。」

這些話贏得梁振英的欣賞。他獨自請我吃飯，微笑着對我說：「你太謙虛了！」我答：「我說的都是實話，不是自謙之詞。」

然而，傳媒仍是把我看作「特首黑馬」。直至 8 月中發生了一件事，人們才相信我真的不打算參加「跑馬仔」。

樂而忘返

2011年8月中,時任國務院副總理李克強來香港訪問。

李克強當時不但是中共中央政治局常委和國務院副總理,而且人人都知道他將是下一任總理。這位「大領導」訪港,特區政府自要以最隆重的規格接待。有關該次訪港行程,最多人記得的可能是香港大學「8.18事件」——李克強出席香港大學百周年校慶典禮時保安安排引起的爭議。但他在香港的主要活動,包括出席「十二五規劃」與兩地經貿金融合作發展論壇,以及會見香港特區行政、立法、司法機構的主要人物。

李克強訪港消息公布的時候,我正在歐洲,和太太一起暢遊多瑙河。

我們在8月上旬離港,先飛到布拉格,在那裏玩了幾天,然後乘車往德國帕紹,在該處登上河輪,沿多瑙河順流而下,遊覽薩爾斯堡、維也納、布拉提斯拉瓦,以及終點城

市布達佩斯。

　　旅途上正玩得寫意，忽然收到行政長官辦公室主任譚志源的電話，通知我 8 月 16 日至 18 日參加為李克強副總理訪港安排的活動。我告訴他我正在歐洲旅行，他建議我立即飛回香港，我拒絕了。

　　過了不久，譚主任給我第二次來電，表示行政長官十分懇切要求我回港出席活動。他說，特區政府的主要官員和終審法院首席法官都出席，不能缺了立法會主席。我說，我知道立法會內會主席在香港，由她代表立法會可以了吧；我在多瑙河上，要趕回香港很麻煩。譚再三勸說，叫我在河輪下一站靠岸時離船登岸，「買張機票飛回來」；他又強調「立法會主席很重要，不能缺席」。譚收線後，我又收到中聯辦的電話，傳達中聯辦主任叫我一定要回港出席活動，說的理由和譚差不多。

　　但我仍是不為所動，繼續我的多瑙河之旅，寧可陪太太，不去陪「大領導」。

　　我是心中有氣。其實我知道，特區政府至少一個月前已經確知李克強的訪港時間；如果早一點通知我，我自會取消出外旅行的計劃，留在香港。但他們偏要把我蒙在鼓裏，到李克強來港前幾天、政府已公布了他的訪港行程，才通知我要參加活動。

我當然明白，國家領導人的行程事先都要保密。可是他們只須告訴我8月份不要出門，要留港準備參加重要活動，即使不說明是什麼活動，我也會理解和配合的。他們明知很多立法會議員在8月份都會離港度假，卻不給我提示一聲。政府裏一些級別不太高的官員早就知道的消息，卻要對我保密，虧他們還說「立法會主席很重要」！

8月17日下午，李克強在行政長官曾蔭權陪同下，會見了香港特區行政、立法、司法機構的主要人員。各司長、局長和終審法院首席法官都到齊了；唯獨來自立法機關參加會面的，只有一位「立法會代表」，不是立法會主席。

當天晚上，特區政府為李克強舉行歡迎晚宴，3位疑似特首候選人唐英年、梁振英和范徐麗泰都坐在主家席，李副總理逐一和他們握手。

第二天，報章有評論說：「被指為下屆特首黑馬人選的立法會主席曾鈺成，自動放棄了與李克強副總理接觸的機會。難怪有人說，曾鈺成無心逐鹿特首寶座。」

死不了人

　　唐英年辭任政務司司長後不到一個星期，梁振英也辭去了行政會議成員的職位，特首選戰正式展開。

　　中央官員在不同場合向港人明確表示，唐英年和梁振英都是「北京可以接受的人物」，對支持哪一人沒有透露任何傾向。

　　不過，「唐營」中人都深信中央早已選定了唐英年，只是為了避免引起「欽點」的非議，才不作公開表態。

　　由1200人組成的行政長官選舉委員會將於2011年12月選舉產生。預計1200人當中將有多名民建聯成員，加上民建聯的取態經常被認為是反映中央政府的意向，所以民建聯必須小心處理與二人維持的關係。民建聯決定，各成員可以個人名義為梁或唐助選，但領導層不會為任何一方「站台」。

　　梁唐二人對競選的態度有很大的分別。唐的助選團隊

猛將如雲，但唐本人對競選工作並不着緊。他私下對人說：
「不是你的，你爭也爭不到；是你的，你推也推不掉。」他
已認定行政長官這個位置，是對方爭不到、他自己推不掉
的，競選工程起不了翻天覆地的作用。

梁則恰恰相反。他知道自己開始時處於劣勢，如果最
終要獲勝，必須靠有效的競選工程扭轉大局。他和支持者
堅持「有得選」的信念，想盡每一種方法，把握每一個機
會，爭取提高勝算。

兩人截然不同的態度，也反映在各自的支持者身上。

唐已把特首寶座視為囊中物，不覺得需要靠其他人合
力打拚替他爭回來；前來表示支持的人，都是錦上添花；
支持一個必勝的候選人，可以分享一點光彩，說不定還會
得到一些好處。梁卻是珍惜每一個支持者，因為對他來
說，多一份支持，便多一份勝算；支持梁的人，都明白自己
可能「站錯隊」：下一任行政長官很可能是另一人，自己支
持了梁，結果得不到什麼好處；只是真心認為梁是最佳人
選，所以盡一點力，希望助他成功當選。

行政長官選舉雖被指為「小圈子選舉」，但中央政府也
十分重視當選的候選人是否獲得多數港人的支持，因為那
關係到選舉的可信度以及新一屆政府的認受性。傳媒不斷
發表民調機構提供的市民對各參選人的支持度，這對參選

人自然會有壓力。所以，參選人除了要向選舉委員會裏的 1200 人拉票之外，還要開展以廣大市民為對象的選舉工程。

民建聯是建制派的最大政黨，有豐富的選舉經驗，有現成的選舉機器。曾蔭權在 2005 年競選連任時舉辦公開活動，包括花車巡遊和造勢大會，民建聯都提供了協助。

這次梁唐競選，民建聯的領導層覺得也應該分別與兩人接觸，看他們是否需要民建聯為他們的選舉工程提供技術支援。我負責徵詢唐英年的意見。

找到唐英年，他説對民建聯沒有什麼要求，反問民建聯有什麼需要。他似乎認為，我找他的目的是要和他探討民建聯在下一屆政府裏有什麼位置；我提出民建聯可以協助他競選的建議，只是找他的藉口。我坦率地提醒他要小心處理眼前的危機，包括傳媒咬住不放的關於他的醜聞。他聽了不以為意，淡然一笑，説：「那有什麼大不了？死不了人。」

民意較量

唐英年和梁振英先後在 2011 年 9 月底和 10 月初辭去政府職務之後,雖未正式宣布參選行政長官,已全力投入競選活動,包括頻頻「落區」與各階層市民接觸。競選活動開展不久,民調機構發表的兩人民望評分便出現了顯著的變化:先前落後的梁振英,支持度急速上升,不到一個月,已超越並遠遠拋離唐英年。

在傳媒面前,梁的表現明顯比唐優勝:梁理念明確、思路清晰、堅定自信,贏得傳媒和公眾的好感;唐公開發表意見時卻往往模稜兩可,而且多番失言,惹來不少批評。

民建聯成員與二人接觸,也有同樣的感覺。二人分別都有和民建聯的領導層對話,又有跟民建聯的議員一起落區;民建聯中人異口同聲地說,每次與梁振英接觸,都會給他加分;每次與唐英年打交道,都要給他減分。

至當年 10 月下旬,傳媒報道,港大民意研究計劃的特首選舉民調顯示,梁振英的支持度在當年 5 月只有 5.7%,8

月是 14.4%，10月底躍升至 40.8%，後來居上，遙遙領先支持度只得 14% 的唐英年。范徐麗泰的支持度先前遠高於唐梁二人，但由於她對是否參選態度曖昧，至 10 月底跌至 18.7%。至於已宣布代表泛民陣營參選的何俊仁，只得單位數字的支持度。

負責選出 2012 年行政長官人選的選舉委員會，於 2011 年 12 月 11 日選舉產生。唐梁兩個陣營都盡力組織各自的支持者參選，爭取在選委會裏多拿席位。結果可説是唐營大勝，贏得至少 185 張「鐵票」；梁振英的許多支持者參選都落敗，梁的「鐵票」僅得 50 張左右。由於「入閘」成為行政長官候選人的條件是要獲得 150 名選委提名，唐已肯定可以入閘，梁則至少要多找 100 個提名人。

梁營一名核心人物跟我討論競選形勢。我説，雖然大部分選委未有公開表示支持誰，但我相信，一共擁有 200 多名選委的民建聯和工聯會，裏面有不少人是支持 CY（梁振英）的。

所以，我估計 CY 入閘沒有問題；但最後要勝出，難度恐怕很大，因為我估計 1200 名選委中，除了來自泛民陣營的大約 200 人外，其餘大部分都會支持唐英年，而我相信泛民的票不會投給 CY。

對方回應説：「我們的估計和你説的恰恰相反。CY 要

找到150個提名人，殊不容易；但如果他成功入閘，勝出的機會很大。」

他說的不是沒有道理。選委會選舉行政長官，提名是公開的，投票是秘密的。許多支持CY的人，或會因為有某種顧慮而不敢公開表態，所以不願意做他的提名人。但投票時就毋須顧慮了；如果CY的民望繼續大幅領先，而很多選委都按民意投票，CY就會有很大勝算。

建制派陣營裏早已流傳這樣的說法：如果民意調查顯示市民對唐梁二人的支持度不相伯仲，選委會最後不論選出誰，人們也不會有太多話說；可是，如果兩人的支持度相差很遠，而最後竟然是民望低的當選，那麼選委們就是漠視民意，一定遭到公眾的唾罵。所以，唐營不能讓唐英年的支持度繼續被梁振英遠遠拋離，必須設法把距離拉近。但是，正如眾所周知，接着發生的事卻令唐的聲名受到摧毀性的打擊。

君子之爭

中央官員在肯定唐英年和梁振英兩人都是北京可以接受的同時，亦強調兩人的競選應是「君子之爭」，告誡雙方不應以負面宣傳攻擊對手。然而，競選一開始，醜聞便接踵而來；充斥着選舉新聞的，不是參選人在理念、政綱或實績各方面如何比併，而是一宗又一宗關乎他們私德的負面消息。

我相信唐梁兩人都不會製造、收集或散播對方的「黑材料」；即使中央官員沒有「君子之爭」的提醒，他們也沒有動機要搞負面宣傳去打擊對手。

唐英年一直認為自己已獲中央選定，勝券在握，「推也推不掉」，不用施展什麼手段去對付挑戰者。梁振英則自信無論比理念、比政綱抑或比能力，自己都比對手強，堅持君子之爭便足以致勝，毋須搞負面宣傳。

兩人的助選團隊裏，卻未必人人都那麼「君子」。在我的選舉經驗中，對競選對手最無情、最兇狠的攻擊，往往不

是出自候選人，而是出自助選團成員。

在唐梁二人的最忠誠的支持者當中，有些人的求勝之心比他們支持的參選人更熱切，對競選對手的憎惡比參選人更強烈。

他們不覺得要和參選人一樣，接受「君子之爭」規矩的約束；如果給他們找到打擊對手的機會，他們決不會手軟。對手的黑材料，很可能是在參選人不知情之下，由助選團裏的個別成員發放出來的。

但最使勁發掘參選人黑材料的，是新聞傳媒。有的傳媒擺明車馬支持其中一位參選人，於是拚命去找另一位參選人的黑材料；哪怕只是道聽途說、捕風捉影，也拿來大加炒作，起碼可以令當事人陷於被動，要花工夫去否認、解釋、辯白。

另一方面，一些無意偏幫某一方的傳媒，也以揭發參選人的缺失為己任，以發揮「第四權」的監察作用。這類由傳媒揭露的參選人的醜聞，不能一概視為「抹黑」：如果「醜聞」屬誇張失實，甚至是憑空捏造，那製造者自然要負上法律責任。

不過，如果傳媒揭露的確有其事，而有關內容又涉及參選人的操守，那麼即使屬於當事人的私隱，公眾也有權

知悉，因為當事人有可能成為位高權重的管治者。

再說，如何應對傳媒披露的有關自己的負面新聞，包括真實的和不真實的，也是對參選人政治技巧的考驗。有些醜聞雖然真確，但性質並不嚴重，本來並非「死罪」，卻由於當事人處理失當，手法笨拙，「愈描愈黑」，結果令自己的形象受到致命打擊。相反，有些政治人物似乎「刀槍不入」，明明被揭發做了不該做的事，也會得到公眾的原諒，甚至把負面新聞變成對自己有利的消息，聲譽絲毫無損。

成功的政治人物不是不會犯錯，而是犯錯之後不會失去公眾的信任和支持。

在唐梁選戰中，唐英年受到的致命打擊，是他在 2012 年 2 月中被揭發「隱瞞僭建」，以及他回應這指控時惹來的劣評。這醜聞在競選的最後階段成為傳媒和公眾關注的唯一議題，令唐的民望斷崖式下墮。

唐營裏的人向我訴說，僭建的事被傳媒揭發前，助選團的核心成員也被蒙在鼓裏，一無所知；事件爆發後，他們眼巴巴看着風波愈鬧愈大，無計可施。

唐英年受僭建風波拖累民望斷崖式下墮。圖為他
與妻子郭妤淺接受傳媒訪問時一臉無奈。

認真考慮

　　僭建風波令唐英年敗選幾成定局。唐營中人絕望之餘，為要阻止梁振英成為特首，嘗試尋找唐的替代人選。

　　2012年2月17日星期五，立法會行政管理委員會邀請了設計添馬艦綜合大樓的建築師，以及大樓採用了他們作品的幾位藝術家，到立法會宴會廳午宴，對他們表示謝意。

　　當天中午，我正準備離開主席辦公室前往宴會廳時，秘書處公共資訊部的同事進來告訴我，有一大群記者在外面等着，要問我參選行政長官的事。

　　我覺得十分奇怪：無端端為什麼要講參選行政長官呢？同事看見我納悶的表情，解釋説：「今天《信報》寫了有人想你參選行政長官。」

　　我恍然大悟。整個上午我忙着會客和處理文件，還沒有看當天的新聞，所以不知道發生了什麼事。現在我明白了。

前一天下午，一班朋友找我談行政長官選舉問題。大家都説，鑑於近日發生的情況，唐英年很可能退選；即使他繼續參選，也不可能當選。如果沒有其他人加入戰圈，梁振英將在無人挑戰之下成為下一任行政長官。（另一名參選人，來自泛民陣營的何俊仁，沒有人認為會有機會當選。）這班朋友不希望見到這樣的結果，於是叫我出來參選。我收過不少市民發來訊息，鼓勵我參選行政長官。我既自認有自知之明，當然不會因而產生非分之想。但眼前這班朋友不是一般市民：我和他們已認識了相當一段日子，對他們每一個都十分敬重。他們鄭重其事地向我提出建議，我不能敷衍了事。

對於參選行政長官，我先前説過我是「三無一有」，現在我「無」的更多了：無政綱、無助選團、無準備、無策略、無經費，總之什麼都無。最重要的是無時間：候選人提名期已經開始，至2月底結束，餘下不到兩個星期；1200名選舉委員中我大概認識200個，其中大部分已成為唐英年或梁振英的提名人，我到哪裏去找150名選委給我提名入閘？

我不停地説「不」，朋友們卻不斷地游説，不肯罷休。這不能沒完沒了，於是最後有人説：「你現在先不要拒絕；回去用一個周末的時間認真想一想，再作決定。」這就給大家一個下台階；我同意，於是散會。

我沒想到，在那班朋友中，有一人是在《信報》寫專欄的。第二天他的專欄便說：「風聞有愛國陣營中的開明派，極希望建制派候選人之間也會有具競爭性選舉，故『籌備』唐英年若不幸『返魂乏術』，也有其他北京可接受人選和CY爭一日長短。而據聞開明左派想出的人選，是立法會主席曾鈺成。」

　　我走出主席辦公室，數十名記者已在等候。我走到「咪兜」前，平心靜氣地說：「不少我的朋友和我不認識的市民建議我考慮參選行政長官。鑑於行政長官選舉過去幾天發生的變化，我答應這些熱心朋友：我會認真考慮。」

　　第二天，所有傳媒都報道我準備參選。為免生誤會，我立即找我的西環老友，告訴他我無意參選，只因朋友們盛情難卻，我答應他們認真考慮。我說，我「考慮」數天後，便會宣布決定棄選，並解釋理由，讓朋友們心息。

　　西環老友對我說，不要急着宣布棄選，先等一等，看一看。

百萬富翁

小時看過一齣由格力哥利‧柏主演的電影，片名《百萬富翁》，改編自馬克‧吐溫的短篇小說 *The Million Pound Bank Note*。故事説一個脾氣古怪的富翁送了一張面額 100 萬英鎊的鈔票給一名窮小子，當人們知道窮小子身懷巨款，都把他當作貴賓；豪華酒店、高級餐館、著名裁縫，排着隊來做他的生意。鈔票面額太大，無人可以找續，但人人都樂意給鈔票的主人賒賬。於是，在一個月內，窮小子不花一分錢，住的豪華、吃的奢侈、穿的時髦、用的名貴。人們相信他是富翁，他便過着富翁的生活。

我對參選行政長官「認真考慮」了 10 天。那 10 天裏，人人都把我當做行政長官候選人，我體驗了行政長官候選人的經歷。

在我考慮參選的消息見報當天，我到港島東區一個商場出席慈善機構的曲奇義賣籌款活動。我一到埗，便有商場的負責人帶着五六名保安人員出來迎接。他們簇擁着我走往活動場地，不停使用對講機，沿途攔截旁人，給

我開路，引起商場裏的遊人們注意，人人都好奇地轉過頭來，看看來了什麼重要人物。這義賣活動每年在同一場地舉行，我參加了幾年，第一次見識這「保護要人服務」。這顯然並非因為我是立法會主席，只因為我成了疑似特首候選人。

接着幾天，傳媒不斷報道各方面對我參選行政長官的反應。來自建制和泛民兩個陣營的大多數意見都是正面的、支持的。不少人找我表示願意提供各種支援，包括捐贈經費、助選、文宣設計等，還有選舉委員主動承諾給我提名。看來如果我真的參選，有些東西也許會從「無」變「有」。

我可沒有因此產生不切實際的幻想。我知道，像電影裏的格力哥利·柏，他雖過着百萬富翁的生活，其實仍是個窮小子；我根本沒有出任行政長官的能力，也缺乏參選的心態。

熱心朋友為我組織了幾場座談會，讓我介紹我的政治理念和主張；來的主要是專業人士和大學生，其中很多是我不認識的。我十分珍惜這些交流活動，希望藉這些機會聽取多方面的意見，同時爭取更多人了解和同意我對「一國兩制」實踐以及香港管治問題的看法。我說話時當然要掌握分寸：我知道來的人都是一心想着支持我參選行政長官，我不能讓他們對我「去馬」期望過高，到我宣布退選時

有被騙的感覺；但我又不能只給他們潑冷水，令他們失去和我對話的興趣。

　　我向出席座談的朋友們表示，很高興看到大家抱着對「一國兩制」的共同信念，走到一起來，探討怎樣為香港的未來發展貢獻力量。我說，我感到大家心中都有一團火。不論我能否成功參加行政長官選舉，我希望大家心中這團火都不會熄滅；我願意繼續和大家一起奮鬥。

　　我不知道這些支持者的熱誠可以維持多久，更不知道他們對我的「參選大計」告吹會有什麼反應。但我既然有一套自己相信的理念，而他們又願意接受和支持我這套理念，大家總算是「志同道合」；能夠藉參選行政長官這個目標走到一起，互相鼓舞，即使不是天長地久，也是值得曾經擁有的經歷吧！

三宗醜聞

　　疑似特首候選人的經歷並非都是好受的。我考慮參選行政長官的消息發表翌日，多家傳媒收到一個匿名短訊，指稱「特首參選人梁振英及其團隊正搜集與曾鈺成有關的黑材料，以掃除當選阻礙」。

　　這消息見報當天早上，我收到梁振英的電話。他肯定地告訴我，他和他的團隊沒有我的黑材料，也不會去搜集我的黑材料。

　　我完全相信梁振英不會搞我的黑材料，也不會叫人搞我的黑材料；他並且會制止他團隊裏的任何人搞我的黑材料——如果他知道的話。可是我不敢肯定在他的團隊裏沒有人會瞞着他向我放冷箭，我不能不提防。

　　接着幾天，不同的傳媒機構先後收到三項有關我的負面消息：第一，我到處問人借錢；第二，我管理的一間學校賬目混亂；第三，我患了重病，到廣州求醫。

那段期間我十分幸運：幾乎所有傳媒，不論他們是什麼立場，對我都很友善；對於我考慮參選行政長官，他們大都樂見其成。傳媒收到我的負面消息，沒有馬上拿來炒作，反而立即通知我，叫我提防。

以上三項消息令我吃驚，因為每一項雖然都並非準確的事實，卻都有一點根據，不是純粹憑空捏造，肯定是知情人士發放的。

我沒有「到處」問人借錢，但我確實借過錢。幾年前我想買樓自住，但我的銀行存款太少，拿不到銀行貸款，於是我向弟弟借了一筆錢，才完成了交易。這事本來只有我和家人知道；但有一次我和幾個我認為是知心的朋友聊天，我自怨地說：「我真沒用，工作了幾十年，想買樓自住準備退休，也要向人借錢。」我估計向傳媒「爆料」的，是當時在場的其中一人。

我擔任校監的一間學校賬目混亂，引起教育局關注，確有其事。不過事情早已妥善處理：學校糾正了先前的失誤，完善了制度，滿足了教育局的要求，其後一直運作良好。這事即使拿來炒作，大概也「死不了人」。知道這事的人可有不少，是誰會向傳媒報料呢？我心中有一個嫌疑人，但沒法求證。

至於「身患重病，到廣州求醫」，完全是張冠李戴。

患病求醫者另有其人；他也姓「曾」，是我認識了多年的朋友。年前他發現患上末期腸癌，本港醫院告訴他要作最壞打算；他知道民建聯前主席馬力也是患了同一病症，曾到廣州醫治，於是託我協助安排他到廣州求醫。所以我確實辦理過到廣州求醫的事，只是病人不是我自己。

處理醜聞或有可能成為醜聞的問題，最佳辦法是採取主動，自我引爆。我把以上三件事的實情主動向傳媒披露了。

同時，我又把梁振英在電話裏對我說的話告知了傳媒。我對傳媒說，我相信梁振英說的是實話。可是我知道，這電話必然引起各種猜測。有的人認為是「此地無銀」；梁說沒搞黑材料，恰恰證明他在搞。有的人更認為那是個恐嚇電話，「我沒搞你的黑材料」就是提醒我，他有辦法搞我的黑材料。

我愈替梁振英辯護，其他人愈覺得我太老實、太天真，愈覺得我有可能被惡意抹黑。這對梁振英並不公道，但對我卻起了保護作用。

三個問題最終沒有被炒作，沒有成為我的醜聞。

兩種理念

游說我參選行政長官的人，分為三類。

第一類是唐營中依然相信唐英年有機會成功當選的人。他們叫我參選的目的，是希望我可以「鏟」去梁振英在選委會裏得到的一部分選票。他們相信我和梁振英票源相近，都得到選委中的基層人士的支持；至於商界的選票，不會投給梁，也不會投給我。所以我參選，肯定對唐有利。

第二類支持我參選的人，只有一個目的，就是不讓梁振英當選。他們估計唐英年當選無望，於是另找他人挑戰梁振英。他們不一定喜歡我做行政長官，但覺得總比由梁來做會好一點。如果我參選的結果是梁和我都不夠票當選，需要重選，那就更妙，可給他們更多時間另找人選。

第三類是真正認為我適合當行政長官的人。他們認同我的理念和主張，並且相信我可以勝任行政長官的職務。這類人為數不多；如果我不參選，他們將是最失望的一群。

我不像唐營裏的一些人那樣，堅決反對梁振英當特首，要不惜一切加以阻止。我從不懷疑梁振英對國家的忠誠和對香港的承擔，我也從沒低估他的能力和決心。我對他出任行政長官有所保留，是因為我不同意他對「一國兩制」和香港管治的一些看法。

　　我認為，「一國兩制」必須容得下反對派。我所認識的反對派，絕大多數是真心實意地擁護「一國兩制」的。他們在意識形態上都反共；但他們明白中國是共產黨管治的，「一國兩制」是共產黨對香港的政策。他們知道不可能、也沒有意圖推翻中國共產黨領導的中國政府；知道不可能、也沒有意圖把香港從中國分離出去。對「一國兩制」在香港的實踐，特別對特區的政制發展，他們的訴求跟中央政府的政策會有差距，有時甚至會有很大矛盾；但這矛盾不必也不應成為「敵我矛盾」。歸根結柢，反對派代表了香港相當一部分市民的訴求，他們獲得這些市民的支持；中央和特區政府如果把他們當做敵人，就等於跟相當一部分市民為敵，就不可能贏得多數人對「一國兩制」的信心，實現「人心回歸」。

　　所以我認為，中央和特區政府都應主動和反對派溝通、對話，在政制發展、《基本法》第二十三條立法以及「一國兩制」實踐中出現的其他有爭議問題上，尋求最大共識。有些人把我的主張叫做「大和解」。我不太喜歡這個名稱，但一般人對這概念的理解，也很接近我的想法。

梁振英和他的大多數支持者都認為「大和解」是不切實際的，甚至是完全錯誤的。他們不相信反對派會真正擁護「一國兩制」，認為香港要順利落實「一國兩制」，維持繁榮穩定，就要消滅反對派，或者至少不讓反對派亂説亂動、製造麻煩。他們不相信人心可以回歸；認為大多數港人的反共心態，不會因香港與內地關係的發展而改變。要維持社會穩定，必須讓港人清楚知道，什麼底線不能觸碰。

我不敢肯定誰對誰錯；但我認為，有理念不同的人競選行政長官，可引起更多對「一國兩制」的反思。

不過如果我要參選，始終要面對一個根本問題：我完全沒有做好參選的準備。

宣布退選

　　從我答應朋友們「認真考慮」開始，我有沒有真的想過要參選行政長官呢？

　　我聽到很多支持鼓勵的説話，但我的頭腦還是清醒的。

　　梁營寫手張志剛在他的專欄評論我參選行政長官。他説：「梁振英花了近三年的時間，才可以讓自己的民望逐級提升，到去年９月才爆升；若沒有前期工作打底，那個爆升是不會出現的。曾鈺成就算有一定選舉經歷，但這些經歷並不是針對行政長官選舉而來。現時才起步，由民望單位數做起，想四周內見功，恐怕要找大衞高柏飛才有辦法！」

　　張志剛説的對：梁振英做了３年的工夫，我不可能數星期內做到。我從來沒作過任何努力，向人們證明我可以做個稱職的行政長官；現在怎可以憑幾個星期的表現便贏得市民的信心？

支持我的人説，我是建制和泛民兩個陣營都接受的人物。但我知道，其實我沒有得到兩個陣營的信任。泛民都認為我不是共產黨也是共產黨控制的人，不會真正支持民主；阿爺一「吹雞」，我就要「跪低」。這樣的人，他們怎信得過？

建制派當中，對我不同意、不信任的，大有人在。我的「和解論」，許多建制派聽不入耳，認為是敵我不分；我作為立法會主席的表現，他們也頗有微言，不滿我縱容反對派，破壞議會秩序。

中央政府的看法當然十分重要。中央官員既早有表示，唐英年和梁振英都是北京可以接受的行政長官人選，從這兩人中選出一人，就是中央同意的布局。梁振英當選，沒有違反中央的期望；中央政府為什麼要在選舉最後階段讓「黑馬」跑出來，製造混亂？

有游説我參選的朋友説，我應該向中央明確表示有意參選，爭取中央同意。我説，我要看到中央政府認同我的理念和主張，主動支持我，我才會參選；我知道，這是天方夜譚。

另有希望我出選的人勸告我，不要説太多中央官員不愛聽的話。「你少説幾句，北京願意接受你的機會便高一些。」可是，我講的都是我真正的想法；如果我要隱瞞自己

的想法才贏得中央信任，那一定沒有好結果。

　　沒有廣大市民的支持，沒有建制和泛民兩個陣營的信任，沒有中央政府的祝福，我有什麼條件出來參選？

　　西環老友叫我不要太早宣布退選，其實是為了阻止其他人參選。唐英年「墮馬」成為定局之後，除了我之外，范徐麗泰和葉劉淑儀都表示有意參選。范太一直未見行動；葉太則已積極聯絡各選委，爭取提名。我一天仍在考慮參選，支持我的選委便不會給其他人提名，增加了其他人「入閘」的難度。

　　但我也不能拖到提名期結束後才宣布退選。我決定在提名期結束前兩天宣布。事前我向最懇切要求我參選的少數人作了交代：事實上時間太倉卒，我不可能做好參選工作。他們表示理解，但提出一個要求：假如3月的選舉因為沒有候選人獲得過半數選委支持而流選，因而要在5月重選，屆時我不要再拒絕參選。

　　我開了個記者會，宣布不參加行政長官選舉。記者會是直播的，一結束，我便收到葉太的電話，要求我把民建聯選委的提名讓給她。

曾鈺成開記者會宣布不參加特首選舉後，立即收到
葉劉淑儀電話，要求把民建聯選委的提名讓給她。

不得流選

　　唐英年「墮馬」令很多人感到意外、失望、不知所措，特別是特區政府裏的高官：他們大多數一直以為下任行政長官非唐莫屬，思想上和行動上都已做好與「唐特首」合作的準備，甚至已盤算好自己在唐政府裏的位置。誰知新老闆將另有其人，而且是作風跟唐英年南轅北轍的梁振英。不少人因此失落、沮喪，可想而知。

　　立法會也在硬件上作了「迎唐」的準備。新大樓會議廳裏，供行政長官宣讀《施政報告》和回答議員提問時使用的講稿架，是給曾蔭權度身訂造的。唐比曾高了一個頭，怎能叫他哈着腰讀《施政報告》？一天傍晚，唐英年微服到訪立法會大樓，在秘書處職員陪同下進入無人的會議廳；他站在發表《施政報告》的位置，職員量度了他的高度，訂製一個新的講稿架。幸虧梁振英和唐英年身高相若，梁當選後講稿架毋須重造。（萬一當選的是何俊仁，也容易處理：把原來曾蔭權使用的改短幾吋便可以。）

　　2012年行政長官選舉提名2月29日結束，唐英年、梁

振英和何俊仁成功獲提名為候選人。不過，唐營尋找「替代人」的行動，沒有因為提名期結束而終止。

　　3月初至月中，又是兩會召開的日子，港區全國人大代表和政協委員齊集在北京，當中有逾百人兼任行政長官選舉委員會委員，月底便要投票決定下一任行政長官人選。到北京不久，便有消息流傳說，中央已作了決定：「吃涼粉，不吃糖。」很多代表和委員們都安心了，知道月底要怎樣投票。不過有些人卻另有打算。

　　我當時仍是政協委員，也身在北京，不同組合的人大政協找我商議。我詫異地發現，人大和政協中對梁振英出任特首持保留態度甚至明顯反對的，竟為數不少。

　　這些人都在研究，在唐英年沒有機會勝出的情況下，怎樣防止梁振英當選。有人建議發動選委們投白票，讓3月底的選舉「流選」，再為重選作部署。

　　如果有一個得到多數選委支持的人物站出來，表示重選時會參選，將會較容易動員選委在第一次選舉投白票。於是策劃流選的人找我，建議我做這「替代人」。

　　這密謀逃不過中央政府的耳目。很快便有北京老友找我談話，開門見山便說到「流選」問題。他說：「孕婦流產過一次，再懷孕時很容易再流產；這叫做『習慣性流產』。

流選也是一樣；流選了一次，重選時流選的機會便更高。」

他分析説：「這次選舉，假如梁振英差幾十票不能當選，他會放棄嗎？當然不會；重選時他一定再參選。那時，你又要選，范太、葉太都要選，各自在選委中去拉票，流選的危險豈不更大？本屆特區政府任期6月底便結束，一旦兩次選舉仍不能產生下一任行政長官人選，你叫中央怎麼辦？」

北京老友態度很客氣，他只是指出流選的壞處，沒有聲稱任何人在搞流選陰謀，更沒有指控我參與其事。我不能不同意他説的道理：如果3月底的選舉流選了，下任行政長官人選不能及時產生的風險確實會很大，這是應該盡力避免的。

選委們大概多數都明白這條道理。3月25日投票結果，梁振英以689票成功當選。

梁振英於2012年以689票成功當選行政長官，唐英年僅得285票。

林鄭拜相

梁振英當選行政長官後，首要工作是籌組管治班子。

3月下旬才產生的候任行政長官，要在7月1日新一屆政府就職前組成新班子，時間是十分緊迫的。按《基本法》規定，特區政府的主要官員由行政長官提名，中央人民政府任命。對於誰是出任某職位的最理想人選，行政長官和中央政府考慮的條件未必完全一致（梁振英公開透露過，中央政府曾經拒絕任命行政長官提名的主要官員人選）。另一方面，有條件出任主要官員的人，不可能賦閒在家，召之即來；除非他們原來已是政府官員，否則當行政長官邀請他們加入政府時，他們首先要考慮是否願意放棄個人的業務；然後要等候中央政府同意；確定之後，可能還要花一段時間處理好手上原有的工作。

所以，儘管特區政府最初引入「主要官員問責制」的目的之一是要在社會上羅致人才，但歷屆政府的主要官員大部分仍是來自政府內部。

梁振英的當選屬於「爆冷」。有條件又願意出任問責官員的人，大都已歸屬「唐營」，「梁粉」中適合當司局長的不多；梁振英要找新人加入他的管治班子殊不容易。他放出訊息，表示希望原有的主要官員大部分在新政府裏留任。

曾蔭權也協助挽留原來的問責班子。在「三司十二局」當中，有幾位早已決定在完成當屆任期後便退休或離開政府；對於未有明確表示要離開的，曾蔭權逐一詢問他們的意向，勸説他們留任。

最受人關注的是政務司司長的人選。梁振英的組班工程一開始，傳媒便猜測誰會成為新一屆政府的第二把手，一般都認為是林瑞麟和林鄭月娥兩人之爭。林瑞麟早在上年10月已獲任命為曾蔭權政府的政務司司長，接替辭職參選行政長官的唐英年。這説明林瑞麟已經獲得中央政府的信任；如果唐英年當選行政長官，林瑞麟肯定會過渡為新一屆政府的政務司司長。

不過，林瑞麟過去長期主管政制及內地事務，處理許多富爭議的問題，令他成為泛民不斷攻擊的對象，民望一直處於低位。由他繼續擔任政務司司長，或許不利於提升政府民望以及改善政府與泛民之間的關係。況且林瑞麟跟曾蔭權和唐英年的關係十分密切，梁振英也難放心任用他為第二把手。

梁振英沒有在政府部門裏工作的經驗；他在極不友善的環境中就任，需要一個廣泛為人接受、熟悉政府運作，而他又可以充分信任的人協助領導他的管治團隊。在曾蔭權政府裏擔任發展局局長、人稱「好打得」的林鄭月娥，自是不二之選。

到 4 月中，傳媒報道，梁振英已選定了林鄭為政務司司長。

林鄭曾私下透露，她本已決定離開政府，但梁振英的誠意打動了她。為了爭取林鄭入閣，梁飛到英國去說服林鄭的丈夫林兆波先生，鼓勵太太留在政府繼續為香港服務。

5 年後，有「梁粉」說，任用林鄭是梁振英組班的最大失着；假如當年讓林瑞麟留任政務司司長，梁振英不會只做一屆特首便退下。

林鄭拜相，不但改變了梁振英的命運，更改變了香港的命運。

齊心一意為香港
ONE HEART ONE VISION FOR HONG KONG

林鄭月娥（白色冷外套）改變初衷出任政務司司
長，不但改變了梁振英命運，更改變了香港的命運。

虛位以待

　　第三屆特區政府和第四屆立法會恰巧都在 2012 年任期屆滿。行政和立法機關在同一年換屆，那是特區成立以來第一次。這給有意進入政府當官的議員提供了方便：例如完成了一屆任期的立法會議員陳茂波，就決定放棄連任，當官去也。

　　民建聯黨友說，我也應該加入梁振英政府當官。

　　我先前曾經有兩次入政府的機會，都放棄了。如果現在要入，將是高不成、低不就。按香港特別行政區排名名單（Hong Kong SAR Order of Precedence），立法會主席排名在三位司長之後，各局長之前。司長是輪不到我做的了：政務司司長的職位已名花有主，另外兩個司長需具備的專業知識我又缺乏。如果我去做局長，就是從立法會主席降了級。

　　黨友有好主意：我去做政務司副司長。

《基本法》列出的「主要官員」，是包括「副司長」的；但董建華和曾蔭權任特首時，政府裏都沒有設立副司長的職位。（《基本法》沒說可設「副局長」，但自 2008 年開始各政策局「僭建」了副局長的職位。）梁振英競選行政長官時，在政綱中提出「重組政府架構」的建議，由原來的三司十二局改為「五司十四局」，即在政務司司長及財政司司長之下各設一名副司長，並重組各局，增設文化局和科技及通訊局。梁振英解釋，重組後的政府可更有效地落實他的施政理念。

　　政圈有傳聞說，原財政司司長曾俊華會在梁振英政府裏留任；新增設的財政司副司長，梁振英準備提名陳茂波擔任。至於誰會獲邀出任政務司副司長，做林鄭月娥的副手，暫未有決定。民建聯有人跟梁振英商量，是否可以把政務司副司長一職留給我。黨友說，憑我在立法會裏的工作經驗，我可以協助行政長官和政務司司長，做好與各黨派的聯絡溝通。

　　我想，假如我去做這個副司長，「與各黨派聯絡溝通」大概就是我可以做的全部工作。本來按梁振英的設計，政務司副司長應分管一部分原來由司長管轄的政策局。可是我對政府部門的運作完全陌生，而司長則是什麼都懂、什麼都管的林鄭月娥；倘若我去當她的副手，恐怕只會落得投閒置散。我如果真正要為特區服務，沒理由放棄立法會主席的職位去當這個副司長。我把這想法告訴了熱中勸我

做官的黨友。

當年 4 月中，我收到梁振英的電話，詢問我是否如黨友所說，無意加入政府。我說，我贊同他對政務司司長人選的選擇；有了這位政務司司長，誰當副司長並不重要，我就不當了。我感謝他考慮邀請我加入政府。

梁振英重組政府架構的計劃沒有成功。泛民立法會議員大力反對增設副司長和兩個新的政策局；他們用「拉布」策略，令重組政府架構所需的立法程序不能在政府換屆之前完成，新職位不能開設。陳茂波出任財政司副司長的願望落了空；原本以為虛位以待，到頭來只「待得虛位」。不過其後出現了意想不到的變化，波叔獲任命為發展局局長，圓了當官夢。3 年後，經過一番波折，梁振英政府終於成功設立了新的「創新及科技局」。至於文化局和兩個副司長，就沒有再提了。

第八章

唐梁對決

第九章　拉布烽煙

琐屑無聊

立法會歷史上第一場「拉布戰」，發生於 2012 年 5 月：立法會處理《2012 年立法會（修訂）條例草案》的時候，黃毓民、陳偉業和梁國雄，以及部分其他泛民議員，不斷拖延條例草案的審議，試圖阻止它通過。

「拉布」原意是指任何拖延時間的策略或表現。這説法在香港已流行多時，例如常用於足球評述。

但 2012 年 5 月之後，「拉布」便變成一個議會術語，專門用來指議員拖延議案表決的各種手法，不但在香港家喻戶曉，而且流傳到內地和海外。

引發拉布的《2012 年立法會（修訂）條例草案》，是特區政府針對兩年前發生的「五區總辭、變相公投」提出的。條例草案的內容，是限制辭職議員不得參與在辭職後 6 個月內進行的補選。

對於公民黨和社民連在 2010 年發動「五區總辭」，由

5名議員辭職後參加補選，建制派議員深惡痛絕，提出要立法制止同樣行為在以後再發生。2011年6月，政府向立法會提交《2011年立法會（修訂）條例草案》，建議當有議員辭職時，不舉行補選，而採用「替補」安排，由在先前選舉中以最高票落選的候選人填補出缺的議席。由於這建議引起極大爭議，政府其後決定撤回，並就填補出缺議席的辦法進行公眾諮詢。2011年7月，政府發表諮詢文件，指議員利用辭職引發補選、又在補選中參選的做法是濫用選舉程序，並列出填補議席出缺的幾個方案，徵詢公眾意見。2012年1月，政府發表諮詢報告，聲稱最多人支持的方案，是要有補選，但辭職議員不得參選。根據這諮詢結果，政府提出《2012年立法會（修訂）條例草案》。

泛民議員都反對條例草案，其中反對得最激烈的自然是曾經辭職後參加補選的議員。黃毓民和陳偉業誓言要阻止條例草案通過。

在立法會裏佔了多數的建制派議員絕大部分都支持條例草案；如果付諸表決，條例草案一定獲得通過。要阻止它通過，便要不讓它付諸表決，即是要拉布。

拉布的第一招，就是提出大量修正案。條例草案很簡單，只有3項條文，連標題加起來不到300字。對於這份只有1頁紙的文件，黃毓民和陳偉業竟合共提交了1307項修正案，長達2464頁，真是匪夷所思，前所未見。我第一個

要處理的問題，就是要決定是否批准他們提出這千多項修正案。

　　在作出決定時，我不能有任何價值考慮；決定的唯一準則，是每一項修正案是否符合《議事規則》。立法會秘書處花了大量時間和精力，認真審視了那千多項修正案。他們給我的意見：看不到任何一條修正案牴觸了《議事規則》；唯一可以成為拒絕批准的理由，是《議事規則》的這項規定：「不可動議全體委員會主席認為瑣屑無聊或無意義的修正案。」

　　如果逐條修正案來看，很難說它「瑣屑無聊或無意義」；但從整體考慮，對只有3項條文的條例草案提出1307項修正案，怎不可謂「瑣屑無聊」？然而，嚴格按照《議事規則》的寫法，再對比其他議會的類似規定，我得出的結論是：「瑣屑無聊」與否，只能逐項修正案審視，不能把它們合起來作判斷。

　　我批准了全部修正案，給拉布打開了大門。

法定人數

拉布——議會裏的少數派使用拖延手法阻撓議案付諸表決，迫使多數派作出讓步——在世界各地的議會裏並不罕見。但有一種在香港立法會裏使用的拉布手法，在其他議會是很少看到的，那就是要求點算在席人數。

《基本法》規定了香港立法會舉行會議的法定人數是不少於全體議員的二分之一。立法會《議事規則》規定，如果出席會議的議員不足法定人數，而有人向主席提出，主席即須指示傳召議員到場；15分鐘後，如仍不足法定人數，主席即宣布休會。

這裏有兩點背景資料值得指出。第一，香港立法會的法定人數定為全體議員二分之一，這是遠高於其他跟隨英國傳統的議會。例如加拿大眾議院有338名議員，法定人數是20人；參議院105名議員，法定人數15人。澳洲眾議院的法定人數是全體議員五分之一，參議院是四分之一。新加坡是四分之一，印度是十分之一。

至於英國，有650名議員的下議院，法定人數是40人；有753名議員的上議院，法定人數是30人。這樣低的法定人數，也只是在記名表決時才需要達到。在下議院，只要議長和一名發言的議員在席，會議便可繼續進行；上議院則要求會議進行時議長及另外3名議員在席。

　　香港《基本法》在1980年代草擬，當時立法局的法定人數是三分之一，已高於上述其他英式議會，但聽説《基本法》起草委員會裏的內地委員認為這標準定得太低。中國憲法規定各級人民代表大會進行選舉和通過決議，以全體代表的過半數通過，但沒有規定召開會議的法定人數。不過，各級人民代表大會每年舉行一次的會議，出席率通常都接近百分之百。香港立法會的會議可以只有三分之一議員出席，內地草委認為「不成體統」。《基本法》最後把法定人數定為二分之一，是兩地草委妥協的結果。

　　第二點值得注意的是，即使有法定人數的規定，過去大部分時間，當立法會（或回歸前的立法局）會議在進行時，極少會有人提出不足法定人數的問題的。會議廳裏的常態，是一名議員對着主席發言，其他在席議員只有小貓三兩。在會議進行中隨意進出會議廳，已成為議員的習慣，這跟其他受英國傳統影響的議會一般無異。

　　這説明為什麼在立法會會議進行時要求會議廳內保持法定人數，是十分艱難的事。於是，要求點算在席人數便

成為省力而有效的拉布手段。拉布議員一發現會議廳裏人數不足,便向主席指出;主席唯有依照《議事規則》宣布暫停會議,響鐘傳召議員。泛民議員大都不予理會;建制派議員則多是等到傳召的15分鐘將完,才老大不願意地返回會議廳,這就耽誤了一段時間。萬一返回會議廳的人數不足,造成流會,損失的時間便更多。

《2012年立法會(修訂)條例草案》恢復二讀辯論共用了8個小時,其間有21次要求點算人數,因此暫停會議等待議員返回會議廳共花了兩個多小時;審議法案的全體委員會階段共用了30多個小時,其間要求點算人數共39次,花去4個多小時。

打消耗戰

拉布最主要的手段，是在辯論中作冗長的發言。

說到議會裏的冗長發言，最著名的是美國參議員占士·斯特羅姆·瑟蒙德（James Strom Thurmond）。為了阻撓《1957年公民權利法案》通過，瑟蒙德在美國參議院的發言一口氣說了24小時18分鐘，創下了獨力拉布時間最長的紀錄。

香港立法會不可能有瑟蒙德式的發言；大部分其他議會裏也不可能。為要維持議會的有效運作，在保障議員發言權利的同時，議會一般都會對議員發言的次數、時間和內容設有規限，很少會像美國參議院那樣，任由議員天馬行空，隨意發揮。

按香港立法會的《議事規則》，除了7種例外情況之外，議員就每項議題發言不得多於一次，每次發言時限是15分鐘或者另有規定的更短的時間。在7種可以發言多於一次的例外情況中，有6種只容許議員為了某個原因多發

言一次；唯獨在處理法案的「全體委員會」階段，議員發言
次數不受限制。

　　在全體委員會階段，議員要對法案條文的細節進行辯
論。在這階段不限制議員的發言次數，是為了讓議員在辯
論中可以互相回應，就像辯論比賽中的「自由搏擊」環節。
可是，這就給拉布議員提供了幾乎沒有限制的空間：幾個
拉布議員不停地輪流發言，就可以把辯論不斷延續下去。

　　《議事規則》對議員發言的內容也有限制，規定「主席
如發覺有議員在辯論中不斷提出無關的事宜，或冗贅煩厭
地重提本身或其他議員的論點，於向立法會或委員會指出
該議員的行為後，可指示該議員不得繼續發言」。根據這規
定，主席認為議員發言內容嚴重離題或重複時，可以制止
議員發言。

　　不過，這規定實行起來是相當困難的。比如你說某議
員離題，他只要返回正題，便可以繼續說下去；有時他甚
至會說：「主席，你耐心聽我把話說完，就知道我沒有離題
了。」你也拿他沒法。至於「重複」，發言的議員只要稍有準
備，是不會重複至「冗贅煩厭」的程度而可以被指令停止發
言的。

　　說句公道話，在審議《2012年立法會（修訂）條例草
案》時，拉布議員的發言多是有準備的。尤其是黃毓民，每

一段發言都做足了工夫。立法會的司機說,會議進行時,議員們的司機都聚集在停車場的休息室裏;每輪到黃毓民發言,一眾司機都要圍攏在電視機前,看得津津有味。如果我制止他發言,這批「粉絲」會很失望。

審議法案進入全體委員會階段的第一個星期,黃毓民、陳偉業和梁國雄3名議員不斷輪流發言,加上要求點算在席人數花去了大量時間,辯論進行了3天,只處理了很小部分的修正案。

對付拉布的一個辦法,是跟拉布議員打體力消耗戰:開會不休息,「日以繼夜,夜以繼日」,讓拉布議員精疲力竭,無法堅持下去。第二個星期開會之前,我請秘書處徵詢全體議員的意見,是否贊成通宵開會。結果當然是意料之中:過半數議員贊成;反對的都是泛民議員,其中多人早已聲稱不會出席會議。我於是宣布,接下來的會議將通宵進行。

兩天後,我在會議廳裏度過了難忘的65歲生日。

建制議員在拉布戰中閉目養神，冀打消耗戰。

難逃一剪

　　從2012年5月16日上午11時開始,立法會連續開會30小時,其中超過26小時是繼續對《2012年立法會(修訂)條例草案》進行全體委員會階段審議。在那兩日一夜裏,我和拉布議員的關係就像坐過山車,衝上了高峰,再墮入深谷。

　　會議開始前,我已經打定主意,必須在這次會議裏「剪布」,即結束辯論。該屆立法會任期內只餘下9次會議;等候在會議上處理的立法事項,還有9條法案以及逾20條附屬法例,其中很多都是關乎民生的,有迫切性。如果審議這項條例草案的拉布不停止,餘下的立法事項來不及在立法會任期屆滿前處理,公眾利益將受損害。建制派議員對我未有制止拉布,顯得愈來愈不滿。

　　會議在16日下午開始繼續審議條例草案。拉布的議員毫無收手之意,依然不斷輪流發言,不斷要求點算人數。建制派議員忍無可忍,不時要求我制止拉布議員發言,有人甚至直接與拉布議員對罵。

晚上10時半，我宣布暫停會議，讓議員休息片刻，準備通宵開會。我剛回到辦公室，黃毓民捧着一個蛋糕走進來，笑着祝賀我65歲生日。他離開後不久，秘書長吳文華又走進來，煞有介事地對我説，議員們叫我到宴會廳去，他們有事要和我商量。我跟着秘書長走到宴會廳，只見那裏一片漆黑；正當我要回頭問她什麼回事，燈光突然亮起，我面前有一個很大的生日蛋糕，周圍集合了一眾議員和多位官員，還有傳媒。大家不分陣營，一起高唱生日歌，一片喜氣洋洋，會議廳裏的敵對情緒彷彿已煙消雲散。

我切蛋糕時，有人問我許了什麼願。我説：我的願望是所有議員的願望都可以實現。但我知道這是不可能的：議員有互相矛盾的願望；一部分議員的願望實現時，另一部分議員的願望即被打破。

蛋糕吃完，派對結束，大家回到會議廳，回到拉布的痛苦現實。凌晨4點多鐘，梁國雄發言時指出會議廳裏不足法定人數，我暫停會議，響鐘傳召議員。會議恢復時，從未發言的建制派議員黃宜弘起來發言説：「我們審議這項《2012年立法會（修訂）條例草案》已經進入第7天，單是全體委員會審議階段已足足用了33小時30分鐘」。他指出，其他地方的議會有 closure motion，即終結辯論的程序；我們雖然沒有，但主席有責任有效地主持會議。他要求我即時結束辯論，就各項條文及修正案進行表決。

拉布戰中議員不分敵我為曾鈺成慶祝65歲生日，主角許了一個不可能實現的願望：所有議員的願望都可以實現。

　　我回應說，我在批准兩位議員提出1300多項修正案時，曾進行廣泛的研究，知道很多其他議會既有拉布的空間，同時也有終止拉布的機制。如果先前我認為批准這千多項修正案會引發一場我不能控制的、無法終結的辯論，我是不可能批准這些修正案的。我既要保障議會中少數人表達意見的權利，同時亦有責任維持立法會作為一個機構的有效運作……

　　當時大約是凌晨4時半，會議廳裏坐着的本來大部分是建制派議員。我說這番話時，在各自的辦公室裏監聽着會議的泛民議員，一個個像幽靈般飄進會議廳，返回座位。我的話還沒有說完，會議廳的座位已幾乎坐滿。

返嚟就郁

我環顧會議廳，幾乎座無虛席，這是拉布以來罕見的。我繼續説：

「全體委員會審議階段讓議員重複發言，目的是讓議員在辯論中可以多次交鋒，以弄清楚大家對條文的意見。可是，我們進行了 33 小時 30 分鐘的辯論，是否達到這個目的呢？我相信所有客觀的觀察者都看到並不是。所以，我認為我們的辯論應該結束了。

「《議事規則》是否容許我把辯論結束呢？……」

這時，吳靄儀議員站起來説：「對不起，我要打斷主席的發言。……我希望主席在作出正式裁決前，先休會一段時間，讓議員想一想；如果有意見的話，可以有機會向主席私下提出，然後主席才作出正式的裁決。」

接着，陳偉業和梁國雄多次起立發言，反對我結束辯論。當時已接近清晨 5 點，我宣布接納吳靄儀議員的意

見，暫停會議，邀請議員到我的辦公室商討。

　　除了黃毓民、陳偉業和梁國雄之外的各黨派議員共約30人，來到我的辦公室。我先向他們「交底」，表示辯論一定要在當天結束。建制派議員支持，泛民議員反對。不過，我估計泛民議員其實知道拉布不可能迫使政府撤回條例草案，他們也不想見到拉布令立法會不能處理其他事務。他們反對我「剪布」，主要是認為《議事規則》沒有容許這樣做，擔心我的決定開了主席濫權的先例。

　　大家表明立場後，我承諾作出最後決定時會考慮議員們的意見。他們散去後，我再約3名主力拉布的議員前來商討。梁國雄不來；他大概認為我已決定「剪布」，沒什麼好談。但黃毓民和陳偉業都來了。我同樣向他們交代我的底線。我說，我會讓辯論多進行幾個小時，然後便要結束。他們表示強烈反對，並說一定要公開對我譴責。他們怎麼罵，我管不了，也不介意；最重要是大家都清楚知道接下來的「劇情」會怎樣發展。

　　會議在早上9時恢復。我宣布，辯論將於當天中午12時結束。主席的裁決是不容議員在會議上爭辯的，但我仍讓泛民議員在發言中有限度地表達了他們的反對意見，並應他們要求，承諾稍後以書面交代我的裁決。3小時後，我依時宣布辯論結束。會議進入下一個同樣漫長而痛苦的階段：就1307項修正案逐項進行記名表決。

曾鈺成甫「剪布」，立即遭詛咒「落地獄」。

　　我一「剪布」，網上立即傳來許多詛咒：「落地獄啦！」「今天是你最後一次生日！」「昨晚的生日蛋糕快嘔回出來！」接着幾天，社會輿論大多數批評我「剪布」的手法不能接受。

　　幾天後，網上流傳一段錄影：黃宜弘發言要求結束辯論之前，在會議暫停期間，聽到我兩次向身旁的秘書長説：「返嚟就郁！」這證明「剪布」早有預謀，黃宜弘只是照劇本演戲。有人叫我引咎辭職；泛民議員聲言要對我提不信任動議。

　　在排山倒海的批評聲中，梁國雄幫了我一個大忙：他就我的裁決向法庭提出司法覆核。法庭裁定，立法會主席有權在適當的情況下結束辯論。這就平息了有關我的決定是否違憲、違法或違規的爭議。我對這結果並不感到意外，因為「剪布」的做法，是我跟立法會秘書長和法律顧問反覆研究、深思熟慮之後決定的，有穩妥的法理基礎。

第九章

拉布烽煙

終止運作

審議《2012年立法會（修訂）條例草案》的時間長達109小時，佔用了5個星期的立法會會議，前後足足一個月；期間暫停會議傳召議員共60次，兩次因不足法定人數而流會。6月1日晚上8時半，條例草案終於三讀通過。但拉布並未完結：泛民議員決意要拉倒梁振英重組政府架構的計劃。

重組政府架構涉及的立法程序，是要由立法會通過一項決議，把原有政策局的一部分法定職權轉移給新成立的政策局。政府先前已作了預告，在立法會6月20日的會議上把有關決議案提交立法會審議。可是，由於審議《2012年立法會（修訂）條例草案》的拉布，有好幾條已作了預告要恢復二讀的法案被積壓下來未及處理。《議事規則》第18條規定，每次會議的議程上，法案必須排在議案前面。按照這規定，立法會要先處理完積壓着的法案，才可以處理重組政府架構的決議案。

為趕及在政府換屆前完成重組架構的法律程序，在6

月20日的會議上，政務司司長林瑞麟動議暫停執行《議事規則》第18條，讓重組政府架構的決議案可以「打尖」，優先獲得處理。 建制派議員大多數支持重組計劃，所以政府以為，決議案提前處理並順利通過，應是十拿九穩。誰知有建制派議員也反對「打尖」；政務司司長的議案表決時，謝偉俊和詹培忠投反對票、葉劉淑儀棄權，加上陳茂波因有利益關係避席，議案竟被否決，重組政府架構的決議案要繼續排在所有法案之後。行政長官已依法指定當年立法會「會期中止」的日期為7月17日；法律規定，該日之後立法會便要終止運作。泛民只要在法案上拉布3個星期，便可拖垮重組政府架構的計劃。

不過政府也有對策。除了重組政府架構之外，還有十多項附屬法例的決議案需要通過。這些決議案，包括擴大法律援助計劃涵蓋範圍、停收強積金計劃補償基金徵費、把若干物質列入法定「毒藥表」、增加幾條勞工保障條例下的補償金額、完善殘疾人士公共交通票價優惠計劃、把進出口貨物報關費減半等，各黨派都支持，而且希望盡早通過。處理各項決議案的次序是由政府決定的；政府把重組政府架構的決議案放在最前，反對的議員如果拉布「殺」了這項決議案，其他全部也要「陪葬」。

泛民議員多數都不願見到所有決議案被犧牲；但只要有少數不顧一切反對政府重組的議員堅持拉布，「攬炒」的結局便不能避免。泛民議員強烈要求政府把有爭議的事項

黃毓民的拉布
草案達「半呎
厚」。

調到最後，讓議會先通過其他沒有爭議的決議案。政府不
同意，雙方關係愈見緊張。

　　這繃緊的局面在梁振英政府7月1日上台後出現了轉
機。新班子一上任就出了醜聞，有局長要辭職；梁振英被
迫暫時放棄增設主要官員的計劃。新任政務司司長林鄭月
娥為打破僵局，向泛民議員讓步，把重組政府架構的決議
案調到最後。7月17日午夜12點，第四屆立法會完成了除
重組政府架構之外的所有其他立法事項，隨即終止運作。
原來列入了議程的對我不信任議案，來不及處理。

主席八年 上冊

作者	曾鈺成
主編	李海潮
編輯	劉在名
設計	許錫中
出版經理	關詠賢
圖片	曾鈺成、立法會秘書處、信報資料室

出版　信報出版社有限公司
HKEJ Publishing Limited
香港九龍觀塘勵業街 11 號聯僑廣場地下

電話　(852) 2856 7567
傳真　(852) 2579 1912
電郵　books@hkej.com

發行　春華發行代理有限公司
Spring Sino Limited
香港九龍觀塘海濱道 171 號申新証券大廈 8 樓

電話　(852) 2775 0388
傳真　(852) 2690 3898
電郵　admin@springsino.com.hk

台灣地區總經銷商
永盈出版行銷有限公司
台灣新北市新店區中正路 499 號 4 樓

電話　(886) 2 2218 0701
傳真　(886) 2 2218 0704

承印　百樂門印刷有限公司
香港新界將軍澳將軍澳工業村駿光街 3 號

出版日期　2020 年 7 月初版
國際書號　978-988-74176-1-3
定價　港幣　148
新台幣　660

圖書分類　人物傳記、社會科學

作者及出版社已盡力確保所刊載的資料正確無誤，惟資料只供參考用途。